educamos·sm

Caro aluno, seja bem-vindo à sua plataforma do conhecimento!

A partir de agora, você tem à sua disposição uma plataforma que reúne, em um só lugar, recursos educacionais digitais que complementam os livros impressos e são desenvolvidos especialmente para auxiliar você em seus estudos. Veja como é fácil e rápido acessar os recursos deste projeto.

1. Faça a ativação dos códigos dos seus livros.

Se você NÃO tiver cadastro na plataforma:

- Para acessar os recursos digitais, você precisa estar cadastrado na plataforma educamos.sm. Em seu computador, acesse o endereço <br.educamos.sm>.
- No canto superior direito, clique em "Primeiro acesso? Clique aqui". Para iniciar o cadastro, insira o código indicado abaixo.
- Depois de incluir todos os códigos, clique em "Registrar-se" e, em seguida, preencha o formulário para concluir esta etapa.

Se você JÁ fez cadastro na plataforma:

- Em seu computador, acesse a plataforma e faça o *login* no canto superior direito.
- Em seguida, você visualizará os livros que já estão ativados em seu perfil. Clique no botão "**Adicionar livro**" e insira o código abaixo.

Este é o seu código de ativação! → **DQWHR-3TABR-ANLLP**

CB057351

2. Acesse os recursos.

Usando um computador

Acesse o endereço <br.educamos.sm> e faça o *login* no canto superior direito. Nessa página, você visualizará todos os seus livros cadastrados. Para acessar o livro desejado, basta clicar na sua capa.

Usando um dispositivo móvel

Instale o aplicativo **educamos.sm**, que está disponível gratuitamente na loja de aplicativos do dispositivo. Utilize o mesmo *login* e a mesma senha da plataforma para acessar o aplicativo.

Importante! Não se esqueça de sempre cadastrar seus livros da SM em seu perfil. Assim, você garante a visualização dos seus conteúdos, seja no computador, seja no dispositivo móvel. Em caso de dúvida, entre em contato com nosso canal de atendimento pelo **telefone 0800 72 54876** ou pelo **e-mail** atendimento@grupo-sm.com.

sm

BRA145332_373

cercanía

espanhol

8º ano

8

Ludmila Coimbra
Licenciada em Letras – Espanhol pela Universidade Federal de Minas Gerais (UFMG). Mestra em Letras – Estudos Literários pela UFMG. Professora do Ensino Fundamental, do Ensino Médio e do Ensino Superior. Pesquisadora na área de Linguística Aplicada ao ensino de Língua Estrangeira.

Luíza Santana Chaves
Licenciada em Letras – Espanhol pela UFMG. Mestra em Letras – Estudos Literários pela UFMG. Professora de Espanhol no curso de Língua Estrangeira do Centro Pedagógico da UFMG. Professora de Educação de Jovens e Adultos, do Ensino Fundamental, do Ensino Médio e do Ensino Superior.

José Moreno de Alba
Doutor em Letras pela Universidad Nacional Autónoma de México (Unam). Membro da Academia Mexicana de la Lengua, da qual foi diretor de 2003 a 2011. Ex-secretário da Asociación de Lingüística y Filología de América Latina (Alfal). Professor da Faculdade de Filosofia e Letras da Unam.

sm

Cercanía 8
© Edições SM Ltda.
Todos os direitos reservados

Direção de conteúdos didáticos	Márcia Takeuchi
Design	Alysson Ribeiro
Gerência de processos editoriais	Rosimeire Tada da Cunha
Gerência editorial	Angelo Stefanovits
Coordenação de área	Sandra Fernandez
Edição	Ana Paula Landi
Consultoria	Daniel Mazzaro, Patricia Varela González, Raquel La Corte dos Santos
Assistência administrativa editorial	Alyne de Oliveira Serralvo, Fernanda de Araujo Fortunato, Karina Miquelini, Rosi Benke, Tatiana Gregório
Preparação e revisão	Cláudia Rodrigues do Espírito Santo (Coordenadora), Alzira Aparecida Bertholim Meana (Assistente), Ana Catarina Nogueira, Arnaldo Rocha de Arruda, Eliana Vila Nova de Souza, Fátima Cezare Pasculli, Izilda de Oliveira Pereira, Liliane Fernanda Pedroso, Miraci Tamara Castro, Rosinei Aparecida Rodrigues Araujo, Valéria Cristina Borsanelli
Coordenação de arte	Eduardo Rodrigues
Edição de arte	Eduardo Sokei, Keila Grandis, Ruddi Carneiro
Projeto gráfico	Erika Tiemi Yamauchi, Mônica Oldrine
Capa	Alysson Ribeiro, Erika Tiemi Yamauchi e Adilson Casarotti sobre ilustração de NiD-Pi
Ilustrações	AMj Studio, Ilustra Cartoon, Laerte Silvino
Iconografia	Jaime Yamane, Karina Tengan, Marcia Sato
Tratamento de imagem	Robson Mereu, Claudia Fidelis, Ideraldo Araújo
Editoração eletrônica	Cítara, 3L Creative Stúdio, AMj Studio (aberturas unidades 1, 2, 3, 4, 5, 7 e 8), Faoza (abertura unidade 6), Aerostudio (Guia Didático)
Fabricação	Toninho Freire
Impressão	Forma Certa Gráfica Digital

Dados Internacionais de Catalogação na Publicação (CIP)
(Câmara Brasileira do Livro, SP, Brasil)

Coimbra, Ludmila
   Cercanía : espanhol, 8º ano / Ludmila Coimbra,
Luiza Santana Chaves, José Moreno de Alba. —
2. ed. — São Paulo : Edições SM, 2012. — (Cercanía ; 3)

   Vários ilustradores.
   ISBN 978-85-418-0056-3 (aluno)
   ISBN 978-85-418-0057-0 (professor)

   1. Espanhol (Ensino fundamental) I. Chaves, Luiza
Santana. II. Alba, José Moreno de. III. Título. IV. Série.

12-06429   CDD-372.6

Índices para catálogo sistemático:
1. Espanhol : Ensino fundamental 372.6

2ª edição, 2012
10 impressão, dezembro 2024

Edições SM Ltda.
Rua Tenente Lycurgo Lopes da Cruz, 55
Água Branca 05036-120 São Paulo SP Brasil
Tel. 11 2111-7400
edicoessm@grupo-sm.com
www.edicoessm.com.br

Presentación

Caro(a) alumno(a),

Cada uno de los cuatro volúmenes de esta colección te brinda la oportunidad de conocer el mundo hispánico desde varias miradas, reflexionando sobre temáticas actuales y necesarias a tu formación como ciudadano crítico y consciente.

¿Sabías que el español es una de las lenguas más habladas en el mundo y es la lengua oficial de la mayoría de los países vecinos a Brasil? Esa cercanía es una de las razones que te llevan a aprender y aprehender la lengua española: culturas, costumbres, hábitos, creencias, lenguajes...

Específicamente en este volumen, comprender el español y expresarse en esa lengua es:

- ✓ informarte sobre la América Hispánica, su geografía y su historia;
- ✓ conocer historias sobre el origen del universo y de los hombres, como la de Popol Vuh;
- ✓ admirar cerámicas precolombinas e indígenas en museos *online*;
- ✓ comentar reportajes sobre los grandes y temibles terremotos de América Latina;
- ✓ contemplar haikus de Mario Benedetti;
- ✓ buscar casas para alquilar en la región playera de Murcia, España;
- ✓ aventurarte en las historias de *Manolito Gafotas* y de *El Pibe Piola*;
- ✓ comunicarte en internet con hispanohablantes a través de *blog, e-mail, chat*...
- ✓ descubrir qué se celebra en el día de San Valentín e intercambiar valentines;
- ✓ cantar canciones de Enrique Iglesias, Legião Urbana, Biquini Cavadão y Franco de Vita;
- ✓ felicitarles a los abuelos por su cumpleaños;
- ✓ predecir el futuro a través de los horóscopos;
- ✓ escuchar la poesía "El amor" recitada en la voz del poeta Luis García Montero;
- ✓ leer cuentos de Fabián Sevilla;
- ✓ respetar las leyes de tránsito en Uruguay, España, Brasil;
- ✓ andar en medios de transporte distintos: las llamas, los Caballitos de Tortora, los pequepeques.

En fin, es tener acceso a un mundo más amplio e interconectado. Este viaje está hecho para quienes tienen sed de conocimiento y placer. ¡Bienvenido(a) al mundo hispanohablante!

Las autoras

Sumario

1 Informaciones de América: geografía, cultura, pueblos... 8

¡Para empezar! — Fotos de América 9
Lectura — *Género*: Infográfico 10
- Almacén de ideas — Preparación para la lectura: infográfico sobre América 10
- Red (con)textual — Informaciones sobre América 11
- Tejiendo la comprensión — Actividades después de la lectura 13
- Gramática en uso — Las comparaciones: superioridad, inferioridad, igualdad 14
- Vocabulario en contexto — Geografía física 17

Escritura — *Género*: Infográfico 18
- Conociendo el género — Infográfico 18
- Planeando las ideas — Investigación sobre etnias indígenas brasileñas 19
- Taller de escritura — Informaciones sobre etnias indígenas 19
- (Re)escritura — ¿Cómo revisar mi texto? 19

Habla — *Género*: Dramatización 20
- Lluvia de ideas — Preparación para el habla 20
- Rueda viva: comunicándose — Escenificación de alguna parte de la leyenda 20
- ¡A concluir! — Reflexión de cierre 20

Escucha — *Género*: Reportaje 21
- ¿Qué voy a escuchar? — *Sucedió en el Perú*, programa televisivo 21
- Escuchando la diversidad de voces — Qué son los quipus peruanos y para qué sirven 22
- Comprendiendo la voz del otro — Actividades pos escucha 24
- Oído perspicaz: el español suena de maneras diferentes — El acento prosódico 24

Culturas en diálogo: nuestra cercanía — Cerámicas precolombinas e indígenas 25

¿Lo sé todo? (Autoevaluación) 27
Glosario visual 27

2 Estudio y me informo: fenómenos naturales, catástrofes ambientales... 28

¡Para empezar! — Titulares sobre problemas ambientales 29
Lectura — *Género*: Reportaje 30
- Almacén de ideas — Preparación para la lectura de un reportaje sobre Haití 30
- Red (con)textual — Las voces que hablan en el reportaje 30
- Tejiendo la comprensión — Actividades después de la lectura 31
- Gramática en uso — Las comillas / Los verbos de decir 33
- Vocabulario en contexto — Fenómenos naturales y catástrofes ambientales 34

Escritura — *Género*: Comentario en *web* 36
- Conociendo el género — Comentario en *web* 36
- Planeando las ideas — Reportaje sobre los sismos más devastadores de América Latina 37
- Taller de escritura — Comentario sobre un reportaje 38
- (Re)escritura — ¿Cómo revisar mi texto? 38

Escucha — *Género*: Video clase 39
- ¿Qué voy a escuchar? — *¿Cómo funcionan los volcanes?*, de un sitio educativo 39
- Escuchando la diversidad de voces — Cómo funcionan los volcanes 39
- Comprendiendo la voz del otro — Actividades pos escucha 40
- Gramática en uso — El artículo neutro **lo** 40
- Oído perspicaz: el español suena de maneras diferentes — La sílaba tónica 41

Habla — *Género*: Video clase o clase en vivo 42
- Lluvia de ideas — Preparación para el habla a través de reportaje de *Muy Interesante* 42
- Rueda viva: comunicándose — Enseñando sobre los *tsunamis* 43
- ¡A concluir! — Reflexión de cierre 43
- Vocabulario en contexto — Servicio meteorológico 43

Culturas en diálogo: nuestra cercanía — Haikus, de Mario Benedetti 45

¿Lo sé todo? (Autoevaluación) 47
Glosario visual 47

Repaso: ¡juguemos con el vocabulario y la gramática! 48

3 Anuncios clasificados: hogar, dulce hogar... 50

¡Para empezar! — Fotos de varios tipos de casa 51
Lectura — *Género*: Clasificados 52
- Almacén de ideas — Preparación para la lectura de clasificados de casas en Murcia, España 52
- Red (con)textual — Buscar un piso 52
- Tejiendo la comprensión — Actividades después de la lectura 54
- Vocabulario en contexto — Partes de la casa 54
- Gramática en uso — Adjetivos / Apócope 55

Escritura — *Género*: Clasificados 57
- Conociendo el género — Anuncio clasificados 57
- Planeando las ideas — ¿Qué tipo de pisos queremos alquilar? 58
- Taller de escritura — Escritura de un anuncio de alquiler de un piso 58
- (Re)escritura — ¿Cómo revisar mi texto? 58

Habla — *Género*: Charla informal 59
- Lluvia de ideas — Preparación para el habla 59
- Rueda viva: comunicándose — Qué tipo de habitación cada uno tiene y cuál es la ideal 60
- ¡A concluir! — Reflexión de cierre 60

Escucha — *Género*: Reportaje 61
- ¿Qué voy a escuchar? — Reportaje de programa televisivo 61
- Vocabulario en contexto — Tipos de casa 61
- Escuchando la diversidad de voces — Los tipos de vivienda 62
- Comprendiendo la voz del otro — Actividades pos escucha 63
- Gramática en uso — Los demostrativos 63
- Oído perspicaz: el español suena de maneras diferentes — Acentuación de palabras agudas 64

Culturas en diálogo: nuestra cercanía — Tipos de casa en el mundo 65

¿Lo sé todo? (Autoevaluación) 67
Glosario visual 67

4 Literatura y cultura: aventurarse, entretenerse y... 68

¡Para empezar! — Tapas de libros literarios y personas leyéndolos 69
Lectura — *Género*: Novela juvenil 70
- Almacén de ideas — Preparación para la lectura del primer capítulo de *Manolito Gafotas* 70
- Red (con)textual — El personaje Manolito Gafotas 71
- Tejiendo la comprensión — Actividades después de la lectura 72
- Vocabulario en contexto — Expresiones con las palabras **mono** y **oreja** 73
- Gramática en uso — Aumentativos y diminutivos 74

Escritura — *Género*: Comentario 75
- Conociendo el género — Comentario 75
- Gramática en uso — Usos de **muy** y **mucho** 76
- Planeando las ideas — Informaciones sobre la novela de Elvira Lindo 76
- Taller de escritura — Criticar o elogiar una obra literaria 77
- (Re)escritura — ¿Cómo revisar mi texto? 77

Habla — *Género*: Indicación literaria 78
- Lluvia de ideas — Preparación para el habla 78
- Rueda viva: comunicándose — Sugerencia de lectura de una obra literaria 78
- ¡A concluir! — Reflexión de cierre 78

Escucha — *Género*: Tráiler 79
- ¿Qué voy a escuchar? — *Tráiler* de *Manolito Gafotas* 79
- Escuchando la diversidad de voces — Los personajes de la película 79
- Comprendiendo la voz del otro — Actividades pos escucha 79
- Oído perspicaz: el español suena de maneras diferentes — Acentuación de palabras graves o llanas 80

Culturas en diálogo: nuestra cercanía — Ziraldo y su Pibe Piola 81

¿Lo sé todo? (Autoevaluación) 83
Glosario visual 83
Repaso: ¡juguemos con el vocabulario y la gramática! 84

cinco 5

Sumario

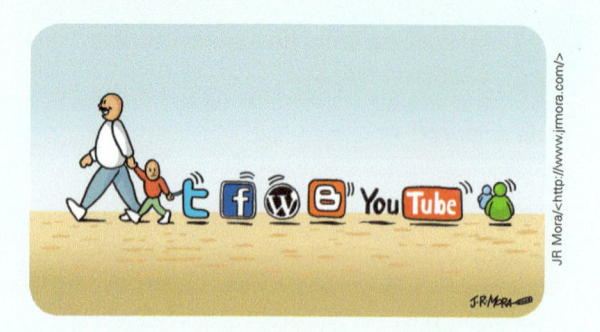

5 — Lo nuevo y lo antiguo en convivencia: *e-mail*, móvil, *chat*, *blog*... — 86

- **¡Para empezar!** — Viñetas sobre relación amorosa e internet ... 87
- **Lectura** — *Género*: Blog ... 88
  - **Almacén de ideas** — Preparación para la lectura de un *blog* ... 88
  - **Red (con)textual** — Refranes españoles ... 89
  - **Tejiendo la comprensión** — Actividades después de la lectura ... 90
  - **Gramática en uso** — Estar + gerundio ... 90
  - **Vocabulario en contexto** — El lenguaje en internet ... 92
- **Escritura** — *Género*: Correo electrónico ... 94
  - **Conociendo el género** — Correo electrónico ... 94
  - **Planeando las ideas** — Tarjetas de felicitaciones ... 95
  - **Taller de escritura** — Enviar saludos a los abuelos ... 96
  - **(Re)escritura** — ¿Cómo revisar mi texto? ... 96
- **Habla** — *Género*: Llamada telefónica en MSN ... 97
  - **Lluvia de ideas** — Preparación para el habla ... 97
  - **Rueda viva: comunicándose** — Felicitarle a la(el) abuela(o) ... 97
  - **¡A concluir!** — Reflexión de cierre ... 97
- **Escucha** — *Género*: Reportaje ... 98
  - **¿Qué voy a escuchar?** Resultado de una investigación de la Universidad de Navarra ... 98
  - **Escuchando la diversidad de voces** — Detalles de un estudio sobre el uso de la tecnología ... 98
  - **Comprendiendo la voz del otro** — Actividades pos escucha ... 98
  - **Oído perspicaz: el español suena de maneras diferentes** — La tilde diacrítica en los monosílabos ... 99
  - **Vocabulario en contexto** — Tecnologías antiguas ... 100
- **Culturas en diálogo: nuestra cercanía** — La ancianidad en las culturas primitivas y orientales ... 101
- **¿Lo sé todo? (Autoevaluación)** ... 103
- **Glosario visual** ... 103

6 — Opinar y cantar: generaciones, encuentros, desencuentros... — 104

- **¡Para empezar!** — Fotos de cantantes y bandas ... 105
- **Lectura** — *Género*: Artículo de opinión ... 106
  - **Almacén de ideas** — Preparación para la lectura de un artículo de opinión ... 106
  - **Red (con)textual** — Identificación del argumento de la autora para defender su opinión ... 106
  - **Tejiendo la comprensión** — Actividades después de la lectura ... 108
  - **Gramática en uso** — Conjunciones (**pero, sino, pues, al fin y al cabo**) ... 109
  - **Vocabulario en contexto** — Familia y etapas del ser humano ... 110
- **Escritura** — *Género*: Artículo de opinión ... 111
  - **Conociendo el género** — Artículo de opinión ... 111
  - **Gramática en uso** — Expresar opinión y argumentar ... 111
  - **Planeando las ideas** — Viñeta sobre padres e hijos ... 112
  - **Taller de escritura** — Defendiendo un punto de vista sobre asuntos polémicos ... 112
  - **(Re)escritura** — ¿Cómo revisar mi texto? ... 112
- **Escucha** — *Género*: Canción ... 113
  - **¿Qué voy a escuchar?** — "Quizás", de Enrique Iglesias ... 113
  - **Escuchando la diversidad de voces** — Ordenar las estrofas ... 113
  - **Comprendiendo la voz del otro** — Actividades pos escucha ... 114
  - **Oído perspicaz: el español suena de maneras diferentes** — Diptongos y hiatos ... 114
  - **Gramática en uso** — Uso de los adverbios de duda ... 115
- **Habla** — *Género*: Rueda de discusiones ... 116
  - **Lluvia de ideas** — Preparación para el habla ... 116
  - **Rueda viva: comunicándose** — Exponer dudas y opiniones ... 117
  - **¡A concluir!** — Reflexión de cierre ... 117
- **Culturas en diálogo: nuestra cercanía** — Conmemoración del Día de los Padres ... 118
- **¿Lo sé todo? (Autoevaluación)** ... 119
- **Glosario visual** ... 119
- **Repaso: ¡juguemos con el vocabulario y la gramática!** ... 120

7 Horóscopo y valentines: me querrá, no me querrá... 122

¡Para empezar! — Imágenes sobre el Día de San Valentín ... 123

Lectura — *Género*: Horóscopo ... 124
- Almacén de ideas — Preparación para la lectura de un horóscopo ... 124
- Red (con)textual — Verificación de las predicciones del propio signo ... 125
- Tejiendo la comprensión — Actividades después de la lectura ... 126
- Gramática en uso — El futuro de indicativo ... 127

Escritura — *Género*: Horóscopo ... 128
- Conociendo el género — Horóscopo ... 128
- Planeando las ideas — Test sobre amor y amistad ... 129
- Taller de escritura — Verificación de la compatibilidad entre signos ... 130
- (Re)escritura — ¿Cómo revisar mi texto? ... 131
- Vocabulario en contexto — Animales del horóscopo chino ... 131

Escucha — *Género*: Poesía ... 132
- ¿Qué voy a escuchar? — *El amor*, de Luis García Montero ... 132
- Escuchando la diversidad de voces — Relacionando imágenes con las palabras declamadas ... 132
- Comprendiendo la voz del otro — Actividades pos escucha ... 134
- Oído perspicaz: el español suena de maneras diferentes — Acentuación de las palabras esdrújulas ... 134

Habla — *Género*: Charla entre amigos ... 135
- Lluvia de ideas — Preparación para el habla ... 135
- Rueda viva: comunicándose — Charla sobre el amor y la amistad en la preadolescencia ... 136
- ¡A concluir! — Reflexión de cierre ... 136

Culturas en diálogo: nuestra cercanía — Cuento "Senor amor tímido", de Fabián Sevilla, y letra de la canción "Timidez", de Biquini Cavadão ... 137

¿Lo sé todo? (Autoevaluación) ... 139

Glosario visual ... 139

8 En tránsito: no desobedezcas la señales, pues... 140

¡Para empezar! — Imágenes de señales de tránsito y semáforo ... 141

Lectura — *Género*: Folleto educativo ... 142
- Almacén de ideas — Preparación para la lectura de dos folletos educativos ... 142
- Red (con)textual — Folletos educativos ... 142
- Tejiendo la comprensión — Actividades después de la lectura ... 143
- Gramática en uso — Pronombre complemento directo ... 143
- Vocabulario en contexto — Personajes del tránsito ... 144

Escritura — *Género*: Folleto educativo ... 145
- Conociendo el género — Folleto educativo ... 146
- Gramática en uso — Imperativo negativo ... 146
- Planeando las ideas — Introducción de un manual para peatones y test ... 147
- Taller de escritura — Cómo andar en las ciudades ... 150
- (Re)escritura — ¿Cómo revisar mi texto? ... 150

Habla — *Género*: Diálogo ... 151
- Lluvia de ideas — Preparación para el habla ... 151
- Rueda viva: comunicándose — Algunas normas de circulación ... 151
- ¡A concluir! — Reflexión de cierre ... 151

Escucha — *Género*: Informe institucional ... 152
- ¿Qué voy a escuchar? — Informe, de la Universidad Nacional Abierta ... 152
- Escuchando la diversidad de voces — Aprendiendo sobre las señales de tránsito ... 152
- Comprendiendo la voz del otro — Actividades pos escucha ... 154
- Vocabulario en contexto — Placas informativas turísticas ... 154
- Oído perspicaz: el español suena de maneras diferentes — Acentuación de las palabras sobresdrújulas ... 155

Culturas en diálogo: nuestra cercanía — Medios de transporte característicos de determinadas regiones ... 156

¿Lo sé todo? (Autoevaluación) ... 159

Glosario visual ... 159

Repaso: ¡juguemos con el vocabulario y la gramática! ... 160

Chuleta lingüística: ¡no te van a pillar! ... 162

¡Para ampliar!: ver, leer, oír y navegar... ... 167

Glosario ... 173

Referencias bibliográficas ... 175

1 Informaciones de América: geografía, cultura, pueblos...

Machu Picchu, Perú.

Estatua de Xiuhtecuhtli, dios Azteca del fuego y del calor. Artesanía Azteca de los siglos XIII-XV.

Escultura Maya. Artesanía del siglo VII.

Vasija Maya. Artesanía de los siglos VI-IX.

Estatua masculina de oro. Artesanía Inca del siglo XIII.

En esta unidad...

... reflexionaremos sobre la cultura de algunos pueblos precolombinos y aprenderemos a hacer comparaciones con la geografía de América. Al final podremos contestar a las preguntas: ¿Respeto a los indígenas y sus creencias? ¿Sé contar un cuento sobre el origen del universo?

Cerámicas Incas. Artesanías de los siglos XIII-XV.

Cristóbal Colón. Litografía de Tancredi Scarpelli, 1931.

¡Para empezar!

1. Observa las fotos e imágenes del continente americano.
   a) ¿Qué sabes tú de nuestros vecinos hispanoamericanos? ¿Cuánto conoces de ellos?
   b) ¿Quiénes fueron los primeros habitantes de nuestro continente?
   c) El continente americano está habitado desde hace miles de años y sus primeras civilizaciones urbanas se establecieron en el siglo XII a.C. ¿Sabes qué civilizaciones existían en la América prehispánica?
   d) ¿Sabes quién fue Cristóbal Colón?

2. ¿Sabías que hay una fecha en que se conmemora el **Día de las Américas**? ¿Qué día es este? ¿Qué simboliza?

Transversalidad
Aquí el tema transversal es la cuestión del respeto a los pueblos indígenas. Pluralidad cultural.

Género textual
- Infográfico

Objetivo de lectura
- Informarse sobre América.

Tema
- Las Américas

■ Lectura

Almacén de ideas

1. Brasil y muchos países hispanos se ubican en el continente americano. ¿Cuáles son las partes de ese continente? ¿Cuáles son los océanos que las bañan? Con tus compañeros, intenta contestar a estas preguntas de Geografía.

2. Además de una división geográfica, América también tiene una división cultural: la Latina y la Anglosajona. ¿Sabes qué significa eso? Explícaselo a tus compañeros.

3. Vas a leer un infográfico sobre el gran continente americano. ¿Sabes qué es un infográfico? ¿Qué esperas leer en estas páginas?

Red (con)textual

Tu objetivo de lectura es informarte sobre América y saber por qué es un gran continente.

Día de las Américas

Un gran continente

¡América es nuestra casa! Es un enorme territorio que se extiende de norte a sur, casi de polo a polo, y es bañado por dos océanos, el Atlántico y el Pacífico. ¿Listo para conocerlo mejor?

35 países independientes se encuentran en América.

En tres partes

- América del Norte
- América Central
- América del Sur

América

El continente **está poblado** por poco más de 900 millones de habitantes. **¿Mucha gente?** No tanto si se considera que es cuatro veces más grande que China, donde viven 1 300 millones de personas. En sus **42 044 000 km²** encontramos una **gran variedad** de culturas, climas, relieves, floras y faunas. Qué bueno sería realizar un viaje por toda América, ¿no?

El continente ocupa gran parte del **Hemisferio Occidental** del planeta y puede dividirse en tres territorios: **América del Norte**, **América Central** y Antillas y **América del Sur**. En superficie, el Norte y el Sur con casi equivalentes. Ambas partes están unidas por el **istmo de Panamá**.

La montaña más alta. Es el Aconcagua, con 6 962 metros, que se encuentra en la provincia argentina de Mendoza. Fue escalado por primera vez el 14 de enero de 1897 por el suizo Matthias Zurbriggen.

Extremos. América es el único continente vecino de los dos polos. Su límite al norte es el Océano Ártico y al sur el Cabo de Hornos.

El río más caudaloso del mundo. El Amazonas nace en la cordillera de los Andes y desemboca en el Océano Atlántico. ¡Recorre 6 800 kilómetros! En su camino atraviesa tres países: Colombia, Perú y Brasil.

El valle de México. Allí se encuentra la capital del país y es el área urbana más poblada de América, con unos 23 000 000 habitantes.

¿Sabías que...

1. ... el continente se llama América por Américo Vespucio, un navegante italiano que llegó a estas tierras cinco años después de Cristóbal Colón?
2. ...Vespucio confirmó, después de un largo viaje por las costas de Brasil, que las tierras pertenecían a un nuevo continente?
3. ... el vikingo Erik fue el primero en llegar a América en el año 982?

Latina y Anglosajona

Una de las divisiones del continente es cultural. **Hay dos Américas:** una latina y otra anglosajona. La primera es hija de la **colonización española y portuguesa**, y se extiende desde México hacia el sur. La segunda fue **conquistada por ingleses**, y abarca Estados Unidos y Canadá (parte de Canadá fue colonizada por franceses).

○ América Anglosajona
○ América Latina

¡Unidos!

Idea de unión: el primer americano que soñó con un continente unido (eso se conoce por panamericanismo) fue el venezolano Francisco de Miranda. ¿Todo el continente? No, sólo los países de origen hispano.

Francisco de Miranda quería la unión americana.

Encuentro: la idea de Miranda fue retomada más tarde por otro venezolano, el libertador Simón Bolívar. En 1824, convocó a un congreso de naciones americanas en Panamá, que se llevó a cabo en 1826.

Simón Bolívar convocó a un congreso panamericano.

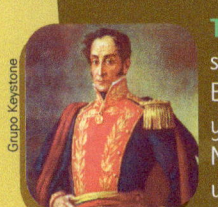

Todos juntos: varios patriotas también quisieron una América unida de origen hispano: Bernardo de Monteagudo, Juan José Castelli y Manuel Belgrano. El libertador José de San Martín también compartía aquella visión de una gran nación.

San Martín apoyó siempre la idea de una Patria Grande.

Independencias

La **primera nación** americana que se declaró independiente fue Estados Unidos, **el 4 de julio de 1776.**
Le siguió Haití, colonia francesa, en 1804. El resto de los países recién consiguieron independizarse **a partir de 1810**, y luego de una larga guerra. La última nación en lograrlo fue la isla **San Cristóbal y Nieves**, en 1983.

○ **Nuestro continente**

América hoy

Es un continente de **grandes contrastes**: en el **norte** están dos de las potencias del mundo (Estados Unidos y Canadá), mientras que en el **sur** se encuentran países muy pobres o en vías de desarrollo. La **desigualdad** provoca que muchas personas decidan migrar del sur al norte en busca de **más posibilidades**.

¿Sabías que...

1. ... el Día de las Américas se festeja el 14 de abril porque ese día de 1890 se creó la Unión de las Repúblicas Americanas?
2. ... ese organismo pasó a ser la Organización de los Estados Americanos (OEA) en 1948?

La OEA

Es el organismo regional **más antiguo del mundo** [...]. Su sede está en **Washington** (Estados Unidos). La **preside** un secretario general, pero su política la fijan sus miembros en una **Asamblea General** que se reúne todos los años.

El Mercosur

El **Mercado Común del Sur** es la unión de algunos países sudamericanos con el objetivo de **mejorar sus economías** a través de un intercambio comercial que beneficie a todos sus miembros. Fue creado por Argentina, Brasil, Uruguay y Paraguay, **el 26 de marzo de 1991**, en Asunción.

La Unasur

La sigla quiere decir **Unión de Naciones Suramericanas** y fue creada el 18 de diciembre de 2004. Su objetivo es **integrar los países** de esta parte del continente sin la influencia de los Estados Unidos, como ocurre en la OEA. **Su primer secretario** general fue el argentino Néstor Kirchner.

Más info

Desde el descubrimiento de Colón, en 1492, el continente fue conquistado por potencias europeas. Luego de las luchas por la independencia surgieron muchas naciones libres. Pero aún subsisten colonias en el suelo americano. La mayor parte de ellas ubicadas en el mar Caribe. [...]

Suple Escolar Día de las Américas. Revista *Billiken*. n. 4755. 1 de abril de 2011.

Tejiendo la comprensión

1. Según el infográfico, ¿por qué nuestro continente se llama América?
   _____
   _____

2. ¿Cuál fue la primera y la última nación que se declaró independiente? ¿En qué fechas?
   _____

3. Hay una parte del infográfico que se intitula **¡Unidos!** ¿Qué significa ese título?
   _____
   _____

4. En América, hay tres grandes bloques de unión: OEA, Mercosur y Unasur. ¿Qué quieren decir esas siglas? ¿Cuál es el objetivo de cada uno? Investiga.
   _____
   _____
   _____
   _____

5. Según las informaciones del infográfico, la América de hoy está llena de grandes contrastes. ¿Por qué? ¿Estás de acuerdo con eso?
   _____
   _____
   _____

6. El diccionario *Clave* de la lengua española dice que la palabra **descubrimiento** significa:

   > 1 Hallazgo o conocimiento de lo que estaba oculto o se desconocía: *El descubrimiento de la penicilina sirvió para salvar muchas vidas.*
   >
   > 2 Lo que se descubre: *La científica presentó en la conferencia su último descubrimiento.*

   Según ese significado y también lo que sabes sobre los pueblos indígenas del continente americano, ¿crees que se puede decir que América fue **descubierta** por Cristóbal Colón? Si no lo crees así, ¿qué otra palabra usarías en lugar de **descubrimiento**?
   _____
   _____

A quien no lo sepa

¿Sabías que en la historia de América, San Martín y Simón Bolívar fueron grandes hombres revolucionarios? San Martín fue un militar argentino que luchó por las independencias de Argentina, Chile y Perú. El venezolano Simón Bolívar se destacó en la independencia de los actuales Bolivia, Colombia, Ecuador, Panamá, Perú y Venezuela.

Gramática en uso

Las comparaciones

Las comparaciones expresan la calificación de un sustantivo en comparación con otro. Ejemplos:

I. El conejo es más rápido que la tortuga.
II. Este río es menos limpio que el otro.
III. El gato es tan amigo del hombre como el perro.

En esos ejemplos se observan comparaciones de tres tipos, respectivamente:

superioridad, inferioridad, igualdad

En el infográfico, hay algunas comparaciones. Relee las siguientes informaciones:

> El continente está poblado por un poco más de 900 millones de habitantes. ¿Mucha gente? No tanto si se considera que es cuatro veces más grande que China, donde viven 1 300 millones de personas. En sus 42 044 000 km² encontramos una gran variedad de culturas, climas, relieves, floras y faunas. Qué bueno sería realizar un viaje por toda América, ¿no?

1. En las informaciones del texto que acabaste de leer, ¿qué comparativo se usa? Copia el fragmento que ejemplifica tu respuesta.

_____

_____

Las comparaciones de superioridad se pueden formar de la siguiente manera:

más + adjetivo + que

La montaña del Aconcagua es más alta que el Pico da Neblina.
El río Amazonas es más caudaloso que el río São Francisco.
El área del valle de México es más poblada que el área urbana de São Paulo.

¡A reflexionar sobre las comparaciones de **inferioridad**!
Para formar frases, se usa la estructura:

menos + adjetivo + que

2. Busca, en el contexto del infográfico, el adjetivo que completa las siguientes comparaciones de inferioridad:

a) La parte sur de América es **menos** _____ **que** la parte norte.

b) El Mercosur es **menos** _____ **que** la OEA.

c) Algunos países de América son **menos** _____ **que** otros.

¡Ojo!

Algunos comparativos de uso común son irregulares. Los principales:

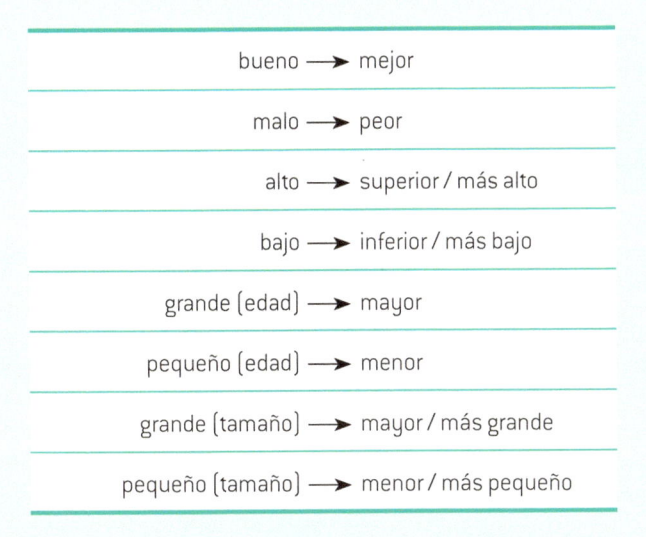

bueno →	mejor
malo →	peor
alto →	superior / más alto
bajo →	inferior / más bajo
grande (edad) →	mayor
pequeño (edad) →	menor
grande (tamaño) →	mayor / más grande
pequeño (tamaño) →	menor / más pequeño

América Central es **más pequeña que** las otras dos Américas.
América del Norte y América del Sur son **más grandes que** América Central.

Con relación al tamaño del continente americano, también se puede usar el comparativo de **igualdad**. Relee las siguientes informaciones:

En tres partes

El continente ocupa gran parte del **Hemisferio Occidental** del planeta y puede dividirse en tres territorios: **América del Norte**, **América Central** y **Antillas** y **América del Sur**. En superficie, el Norte y el Sur con casi equivalentes. Ambas partes están unidas por el **istmo de Panamá**.

- América del Norte
- América Central
- América del Sur

Se puede inferir, por ejemplo, que América del Sur es **tan grande como** América del Norte. ¡A aprender la estructura del comparativo de igualdad con adjetivos!

tan + adjetivo + como

En las comparaciones, además de adjetivos, se pueden usar también **sustantivos**. Observa los ejemplos basados en las informaciones del sitio de IBGE (Instituto Brasileiro de Geografia e Estatística), Censo 2010:

> Minas Gerais tiene **más municipios que** Acre.
>
> Teresina tiene **menos hombres que** mujeres.
>
> Paraná tiene **tanto río como** mar.

¡Ojo!

En el comparativo de igualdad con sustantivos, no se usa **tan**, sino **tanto(s)** o **tanta(s)**. O sea, la forma tanto(a)(s) concuerda en género (masculino o femenino) y en número (singular o plural) con el substantivo.

3. Ahora que ya sabes las estructuras de los comparativos de superioridad, de inferioridad y de igualdad, usando los adjetivos y los sustantivos, forma cinco frases comparativas a partir de las siguientes estadísticas sobre Brasil:

Véase también el **objeto educacional digital** "El continente americano".

Datos de IBGE – Censo 2010		
Población	Boa Vista (RR): 284 313	Porto Velho (RO): 428 527
Hombres	Goiânia (GO): 620 857	Vitória (ES): 153 948
Mujeres	Goiânia (GO): 681 144	Vitória (ES): 173 853
Municipios	Mato Grosso: 141	Maranhão: 217
Área km²	Pernambuco: 98 146 315	Santa Catarina: 95 703 487

I. _____

II. _____

III. _____

IV. _____

V. _____

Vocabulario en contexto

¿Sabes qué es Geografía física? Es una rama de la ciencia que estudia principalmente el espacio geográfico natural. Relaciona los componentes naturales de la superficie terrestre con sus definiciones:

a) Cordillera

Alemania

b) Valle

Perú

c) Polo

Antártida

d) Montaña

Japón

e) Océano

Océano Pacífico

f) Istmo

Istmo de Corinto, en Grecia

( ) _____ es la parte de la superficie terrestre cubierta por agua marina.

( ) _____ es una elevación de muchos metros del terreno que se destaca del entorno.

( ) _____ es una cadena montañosa, esto es, una sucesión de montañas entrelazadas.

( ) _____ es una depresión o llanura de la superficie terrestre, entre dos vertientes.

( ) _____ es una franja estrecha de tierra que une, a través del mar, dos áreas mayores de tierra.

( ) _____ es el término que hace referencia a los extremos del planeta, tanto al _____ Norte como al _____ Sur terrestres.

diecisiete 17

Género textual
- Infográfico

Objetivo de escritura
- Informarse sobre etnias indígenas.

Tema
- Cultura indígena

Tipo de producción
- En grupos

Lectores
- Lectores de una revista de Historia

Escritura
Conociendo el género

Como viste, infográficos son representaciones visuales con un tratamiento diferenciado de las informaciones, con textos más cortos, sobre los más diversos temas. Generalmente se encuentran en revistas, periódicos y libros didácticos cuando la información necesita una explicación más dinámica y atractiva, con una combinación de textos, colores, fotos, mapas, gráficos y dibujos. Mira el siguiente infográfico y fíjate en sus características.

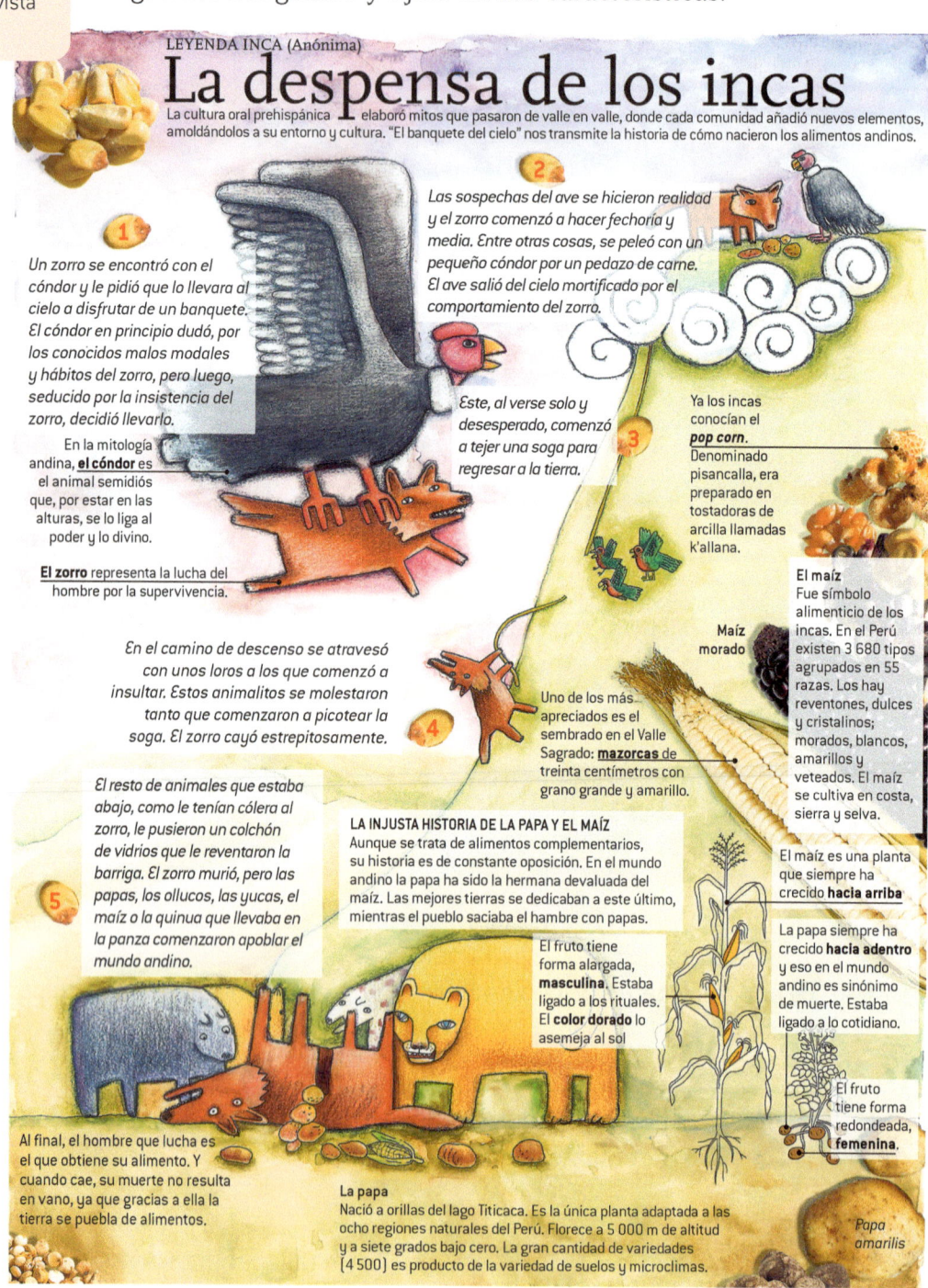

LEYENDA INCA (Anónima)
La despensa de los incas

La cultura oral prehispánica elaboró mitos que pasaron de valle en valle, donde cada comunidad añadió nuevos elementos, amoldándolos a su entorno y cultura. "El banquete del cielo" nos transmite la historia de cómo nacieron los alimentos andinos.

1 Un zorro se encontró con el cóndor y le pidió que lo llevara al cielo a disfrutar de un banquete. El cóndor en principio dudó, por los conocidos malos modales y hábitos del zorro, pero luego, seducido por la insistencia del zorro, decidió llevarlo.

En la mitología andina, **el cóndor** es el animal semidiós que, por estar en las alturas, se lo liga al poder y lo divino.

El zorro representa la lucha del hombre por la supervivencia.

2 Las sospechas del ave se hicieron realidad y el zorro comenzó a hacer fechoría y media. Entre otras cosas, se peleó con un pequeño cóndor por un pedazo de carne. El ave salió del cielo mortificado por el comportamiento del zorro.

3 Este, al verse solo y desesperado, comenzó a tejer una soga para regresar a la tierra.

Ya los incas conocían el **pop corn**. Denominado pisancalla, era preparado en tostadoras de arcilla llamadas k'allana.

4 En el camino de descenso se atravesó con unos loros a los que comenzó a insultar. Estos animalitos se molestaron tanto que comenzaron a picotear la soga. El zorro cayó estrepitosamente.

Uno de los más apreciados es el sembrado en el Valle Sagrado: **mazorcas** de treinta centímetros con grano grande y amarillo.

Maíz morado

El maíz
Fue símbolo alimenticio de los incas. En el Perú existen 3 680 tipos agrupados en 55 razas. Los hay reventones, dulces y cristalinos; morados, blancos, amarillos y veteados. El maíz se cultiva en costa, sierra y selva.

5 El resto de animales que estaba abajo, como le tenían cólera al zorro, le pusieron un colchón de vidrios que le reventaron la barriga. El zorro murió, pero las papas, los ollucos, las yucas, el maíz o la quinua que llevaba en la panza comenzaron apoblar el mundo andino.

LA INJUSTA HISTORIA DE LA PAPA Y EL MAÍZ
Aunque se trata de alimentos complementarios, su historia es de constante oposición. En el mundo andino la papa ha sido la hermana devaluada del maíz. Las mejores tierras se dedicaban a este último, mientras el pueblo saciaba el hambre con papas.

El fruto tiene forma alargada, **masculina**. Estaba ligado a los rituales. El **color dorado** lo asemeja al sol

El maíz es una planta que siempre ha crecido **hacia arriba**

La papa siempre ha crecido **hacia adentro** y eso en el mundo andino es sinónimo de muerte. Estaba ligado a lo cotidiano.

El fruto tiene forma redondeada, **femenina**.

Al final, el hombre que lucha es el que obtiene su alimento. Y cuando cae, su muerte no resulta en vano, ya que gracias a ella la tierra se puebla de alimentos.

La papa
Nació a orillas del lago Titicaca. Es la única planta adaptada a las ocho regiones naturales del Perú. Florece a 5 000 m de altitud y a siete grados bajo cero. La gran cantidad de variedades (4 500) es producto de la variedad de suelos y microclimas.

Papa amarilis

Fuente: Infográfico de Xavier Diaz de Cerio y Víctor Aguilar/El Comercio

Planeando las ideas

Para escribir un infográfico, debes seguir el paso a paso a continuación:

Primer paso: decidir el tema a ser infografiado. Cada grupo deberá investigar sobre una etnia indígena brasileña. Les damos un listado de opciones:

> Guarani – Kaiowá – Bororo – Kayapó – Yanomami – Tupiniquim – Pataxó-hã-hã-hãe – Maxakali – Xavante

Segundo paso: elegir las informaciones a ser infografiadas, clasificándolas en primarias (fundamentales) y secundarias (complementarias).

Tercer paso: seleccionar los elementos visuales que van a ilustrar o complementar las informaciones escritas.

Cuarto paso: montar el infográfico en la computadora o en el afiche.

Taller de escritura

Ahora, manos a la obra. ¡A hacer el infográfico! No te olvides de las características estudiadas y de cómo se combinan los elementos textuales y visuales. Cada grupo será responsable por infografiar una etnia indígena de Brasil. En las líneas a continuación, escribe qué temáticas abordará tu grupo y anota las informaciones que investigaron en tópicos. Después haz el infográfico en la computadora o en el afiche.

Etnias indígenas de Brasil.

(Re)escritura

Relee tu infográfico y comprueba si:
- las informaciones textuales y visuales están bien organizadas;
- hay interactividad, atractividad y clareza;
- posee errores gramaticales.

Corrige los fallos. Tu infográfico ya está listo para publicación en una revista de Historia.

diecinueve 19

Género textual
- Dramatización

Objetivo de habla
- Escenificar alguna parte de la historia del *Popol Vuh*.

Tema
- Cultura Maya Quiché

Tipo de producción
- En grupos

Oyentes
- Todos de la escuela

■ Habla

Lluvia de ideas

1. ¿Has oído hablar alguna vez sobre la nación Quiché? Es el nombre de un pueblo de cultura Maya nativo de Guatemala en los tiempos precolombinos. Ese pueblo tenía varias leyendas y muchas de ellas se recopilaron en el libro *Popol Vuh*, escrito por esos indígenas Maya Quiché después de la conquista española.

   🎧 1 Vas a escuchar una adaptación de ese libro. Tu objetivo en la escucha es marcar (V) para verdadero y (F) para falso en las afirmaciones que siguen. Léelas antes de oír el audio.

   a) Se describen la creación y el origen del mundo, de los animales y del hombre. ( )
   b) Los hombres de madera vinieron antes de los hombres de barro. ( )
   c) Para los indígenas Maya Quiché, los hombres nacieron del maíz. ( )
   d) Hunahpú e Ixbalanqué son personas malas. ( )
   e) Los señores del inframundo ganaron el partido con la pelota. ( )
   f) Los señores de Xibalbá son envidiosos y falsos de corazón. ( )
   g) Hunahpú e Ixbalanqué querían vengar la muerte de sus padres. ( )
   h) Los señores de Xibalbá fueron vencidos para siempre. ( )
   i) Hunahpú se convirtió en la Luna e Ixbalanqué en el Sol. ( )

2. ¿Te gustó la leyenda? ¿Conoces otros textos que también explican el origen del mundo y de los hombres?

Rueda viva: comunicándose

🎧 1 En grupos, escuchen una vez más la adaptación del libro *Popol Vuh*. Además, investiguen en enciclopedias, en sitios seguros de internet y en libros de la biblioteca más informaciones sobre esa historia de la creación y del origen del mundo y del hombre. Tu objetivo es escenificar una parte de esa historia. Algunas sugerencias de temas:
- Creación del mundo y de los animales.
- Creación de los hombres de barro, de madera y de maíz.
- Juego de pelota entre Hunahpú e Ixbalanqué y los señores de Xibalbá.
- Conversión de Hunahpú en el Sol y de Ixbalanqué en la Luna.

¡A concluir!

Antes de memorizar el texto teatral, haz un repaso de los diálogos creados entre todos. Así pueden aprender juntos.

Ilustraciones: Diego Rivera/Museo Casa Diego Rivera, Guanajuato

Escucha

¿Qué voy a escuchar?

Género textual
- Reportaje

Objetivo de escucha
- Entender qué son los quipus peruanos y para qué sirven.

Tema
- Los quipus peruanos

1. Los Mayas, los Incas y los Aztecas tuvieron un desarrollo científico mucho antes de la llegada de los españoles. A continuación, hay tres partes del reportaje "Ciencia autóctona", de la revista *Muy Interesante*, sobre los estudios de esas civilizaciones prehispánicas. Tu objetivo es leerlas e identificar la ciencia que corresponde a los estudios dichos científicos de esos pueblos: ¿escritura, astronomía o medicina?

Calcular el tiempo

El movimiento de los cuerpos celestes y los ciclos cobraron una enorme trascendencia en varias civilizaciones americanas.

Las observaciones astronómicas han tenido entre los pueblos prehispánicos diferentes objetivos y alcanzaron distintos grados de complejidad. En algunos casos se trataba de formas rudimentarias de calendarización [...], pero, por lo general, las estrellas y su forma de presentarse en el firmamento tenían un significado mítico y formaban parte de una cosmovisión en la cual astros, dioses, tiempo y espacio se conjugaban para formar el universo. [...]

Revista *Muy Interesante*, Argentina, año 26, n. 306, abril 2011. p. 44.

Códices de Mesoamérica

Varias culturas de la regín, como la Maya y la Mexica, dejaron testimonio de sus concepciones.

Los códices americanos tenían algunas diferencias con respecto a los europeos: las páginas no estaban dispuestas a modo de libro, sino que eran una tira plegada como el fuelle de un acordeón. [...] El papel se preparaba con la pulpa de diferentes tipos de ficus [...], un arbusto muy común en zonas tropicales, y las tapas podían ser de madera labrada o forrada en piel. Los mayas escribían textos calendáricos, rituales, mitología, historia, profecías y, según algunos autores, probablemente también obras dramáticas y cantos épicos. La mayor parte de esos libros fueron quemados por los españoles en un intento de borrar la memoria profana de los nativos. [...]

Revista *Muy Interesante*, Argentina, año 26, n. 306, abril 2011. p. 42.

Investigación, prevención y curación

Eran varias las culturas prehispánicas que tenían conocimientos médicos equiparables, quizá, a los de la medicina europea.

La base de la medicina era herbal en la mayoría de las culturas y utilizaban las hierbas y plantas de su entorno no solo para curar, sino también para crear nuevos remedios y experimentar con ellos. [...] En otras regiones, quienes practicaban la medicina se mantenían en constante innovación y renovación para hacer frente a los padecimientos. Además, había especializaciones y varias formas de práctica. [...]

Revista *Muy Interesante*, Argentina, año 26, n. 306, abril 2011. p. 45.

2. Las culturas prehispánicas se desarrollaron también en el área de la Matemática. Vas a escuchar algunas informaciones sobre los quipus peruanos. Observa las imágenes a continuación. ¿Qué imaginas que son los quipus?

Quipus incas.

Quipu inca. Xilografía, c. 1560-1599.

_____
_____
_____
_____

Escuchando la diversidad de voces

🎧 2   Ahora vas a escuchar una parte del programa *Sucedió en el Perú*, cuya temática son los quipus peruanos. En ese reportaje, hablarán el historiador y presentador Antonio Zapata, el arqueólogo Luis Lumbreras y la directora del Museo Nacional de Arqueología, Antropología e Historia del Perú, Carmen Arellano.

1. Sin leer la transcripción, escucha solamente la primera parte del programa, donde se presenta su temática. Tu objetivo es escribir las tres preguntas principales del programa sobre los quipus:

   • La primera: _____

   • La segunda: _____

   • La tercera: _____

2. Escucha el programa una vez más. Pero ahora vas a rellenar los ocho huecos con las palabras que faltan:

Antonio Zapata (Historiador): ¿Cómo están? Les saluda Antonio Zapata para darle la bienvenida a un programa sobre los quipus. Estos elementos que conocemos todos asociados a los Incas y que se creían que eran simplemente un sistema mnemotécnico, como una ayuda a _____ para recordar [...]. Pero que por el _____, hoy día se avanza cada día más a pensar que era un sistema de escritura _____ de los Incas, que contenía material censal, estadístico, demográfico, por supuesto. Pero que también contenía un registro de información de _____ abstractas, de linajes, del sistema de poder. Y obviamente de los mitos fundacionales. De tal manera que, pensando que los quipus son una escritura, hasta el día de hoy se han interpretado a media las cosas, pero se esperan prontos descubrimientos que nos permitirán revelar la escritura _____ de los Incas. Sobre este tema, entonces, hemos hecho un programa con tres preguntas:

La primera: ¿Cuáles eran las características de los quipus?

La segunda: ¿Quiénes eran los que los manejaban: los quipucamayos?

Y la tercera: ¿Qué se sabe, por ahora, sobre su sentido, sobre su significado?

Adelante, señor director.

Carmen Arellano (Directora del Museo Nacional de Arqueología, Antropología e Historia del Perú): Quipu es una palabra quechua y significa *nudo*. Porque todos los cordeles verticales que colgaban de ese cordel horizontal tenían nudos. [...]

Luis Lumbreras (Arqueólogo): Es un recurso de información, es un medio de transmisión de información. Y al mismo tiempo de... archivo. Es un lugar... un... un instrumento en el cual se registran como en todos los pueblos del mundo un cierto... se registra la parte de contabilidad del Estado, de contabilidad de, en fin, de los intereses económicos y acontecimientos que se dan.

NARRADOR: Los quipus fueron un sistema para conservar información compleja. De hecho, fueron el lenguaje del imperio, porque estuvieron íntimamente asociados a la expansión y al fortalecimiento de *Tawantinsuyu*. Los Incas gobernaron gracias a dos instrumentos principales: la red de caminos, conocida como Capac Ñan, y el sistema de los quipus, manejado por especialistas llamados quipucamayos. Caminos y nudos le permitieron al Inca comunicar el centro político con los confines del _____ y mantener la lógica y las cuentas de la tributación de la población con el Estado.

Luis Lumbreras (Arqueólogo): Yo pienso que lo más importante del quipu es que te permite tener actualizada tu información sobre qué es lo que ocurre en un _____. El quipu es... está en la base, junto con el camino, con el Capac Ñan, está en la base del éxito económico que pudo tener el Estado inca y político. [...]

Carmen Arellano (Directora del Museo Nacional de Arqueología, Antropología e Historia del Perú): El Capac Ñan es el resultado de una excelente organización que existía antes, y el quipu era parte de eso.

Luis Lumbreras (Arqueólogo): El quipu, más que el saber cuántas gentes hay, lo que te dice es cuántas gentes, para qué, cuánta comida, para qué, cuántas telas, cuántas armas, cuántas cosas, en dónde y cómo y su disponibilidad, pero como algo actualizado, permanente, de tal manera que si eso cambiara, cambiaba el quipu. [...]

Sacado de: <www.youtube.com/watch?v=OsEb2cE-nCs>. Acceso el 19 de agosto de 2011. Transcripción de los autores.

Comprendiendo la voz del otro

1. Según Carmen Arellano, directora del Museo Nacional de Arqueología, Antropología e Historia del Perú, *quipu* es una palabra quechua. ¿Cuál es su significado?
   _____
   _____

2. Según el arqueólogo Luis Lumbreras, los quipus son una especie de archivo. Explícalo.
   _____
   _____
   _____

3. Según el narrador del documentario, los Incas gobernaron gracias a dos instrumentos principales: los sistemas de quipus y el Capac Ñan. ¿Qué significa Capac Ñan?
   _____
   _____
   _____

A quien no lo sepa

El quechua es una lengua indígena propia de la región de los Andes en América del Sur. Es el idioma de los Incas. Muchas palabras usadas en Sudamérica se derivan de palabras quechuas, como, por ejemplo, "cancha", que viene de *kancha*, "recinto cercado". Para más informaciones sobre esa riquísima lengua, se puede acceder al sitio <http://etimologias.dechile.net/?quechua>. Acceso el 4 de febrero de 2012.

Oído perspicaz: el español suena de maneras diferentes

El acento prosódico

🎧 **3** De la intervención del historiador Antonio Zapata, tomamos las palabras siguientes. Escúchalas y subraya la sílaba más fuerte:

> memoria – historia – contrario – propio – materias.

No debe confundirse el acento prosódico con el acento **ortográfico** o **tilde**. El primero alude a una forma de pronunciar la sílaba tónica con mayor intensidad. El segundo se refiere a un rasgo de escritura (´), que se coloca sobre algunas vocales.

Volvamos a las cinco palabras extraídas de la escucha (**memoria**, **historia**, **contrario**, **propio**, **materias**). En conformidad con las reglas ortográficas del español, esas palabras **no** llevan acento ortográfico, no llevan tilde sobre la vocal tónica.

CULTURAS EN DIÁLOGO

nuestra cercanía

1. Mira estas imágenes de cerámicas precolombinas y artesanías indígenas de varios lugares brasileños. Luego, reflexiona: ¿Por qué piensas que los pueblos indígenas producían cerámicas en la antigua América? ¿Qué hay en común entre las cerámicas de los pueblos precolombinos y las de los pueblos indígenas de hoy?

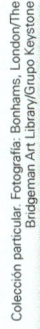

Vasijas precolombinas de cerámica modelada, c. 100-400 d. C.

Cerámica Nayarit, México, 300-1000 d.C.

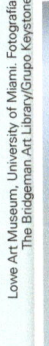

Figurillas femeninas de cerámica, c. 1500-300 a. C. Mesoamérica.

Cerámica olmeca, c. 1500-400 d. C.

Cerámica olmeca, c. 800-300 d. C.

veinticinco 25

CULTURAS EN DIÁLOGO

Cerámica indígena, Cuiabá, Mato Grosso, Brasil.

Cerámica marajoara, Pará, Brasil.

Cerámica terena, Mato Grosso do Sul, Brasil.

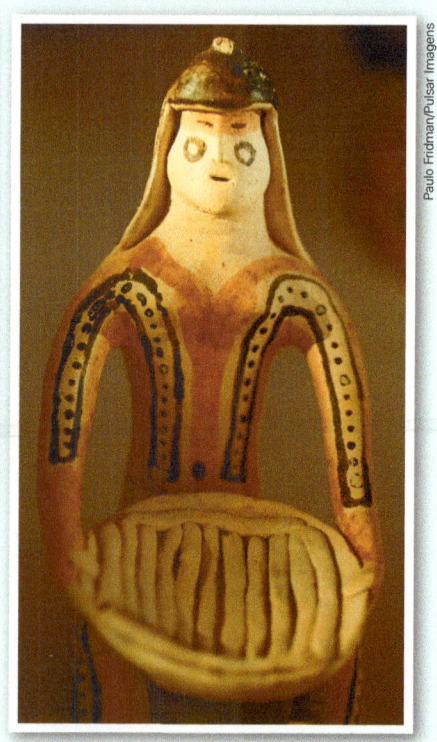

Cerámica karajá, Tocantins, Brasil.

2. ¿Sabes dónde generalmente se encuentran en exposición esas cerámicas? Pues bien, los museos son muy importantes para guardar la memoria y la cultura de un pueblo, aún más cuando se trata de civilizaciones que prácticamente desaparecieron como ocurrió con muchísimos grupos indígenas. Ingresa en la página web del Museo Chileno de Arte Precolombino <www.precolombino.cl/> (acceso el 4 de febrero de 2012). Luego, reflexiona: ¿si fueras un Maya, un Inca o un Azteca, qué representarías en un grabado o en una escultura?

¿LO SÉ TODO? (AUTOEVALUACIÓN)

Lectura	¿Qué es infográfico?	¿Cuál es la función de un infográfico?	¿Qué tipo de informaciones hay en un infográfico?
Escritura	¿Cómo hacer un infográfico?	¿Qué etnia indígena de Brasil investigué?	¿Qué he aprendido sobre esa etnia?
Escucha	¿Cuáles eran las características de los quipus?	¿Dónde se habla el quechua?	¿Qué es acento prosódico?
Habla	¿Qué comentamos en clase sobre el *Popol Vuh*?	¿Qué leyendas conozco sobre el origen del mundo y de los hombres?	¿Qué escenas dramatizamos?
Gramática	¿Sé hacer comparaciones en español?	¿Cuáles son los comparativos de igualdad, de superioridad y de inferioridad?	¿Qué adjetivos ya sé usar en mis comparaciones?
Vocabulario	¿Qué es Geografía física?	¿Qué es un istmo, un valle, una montaña y una cordillera?	¿Qué es quipu?
Cultura	¿Qué he aprendido sobre las cerámicas precolombinas?	¿Alguna vez he visto en vivo una artesanía indígena?	¿Qué función tienen los museos?
Reflexión	¿Por qué se debe estudiar Historia?	¿Qué sé yo sobre los primeros pueblos de América?	¿Por qué es un error decir que América fue descubierta por los europeos?

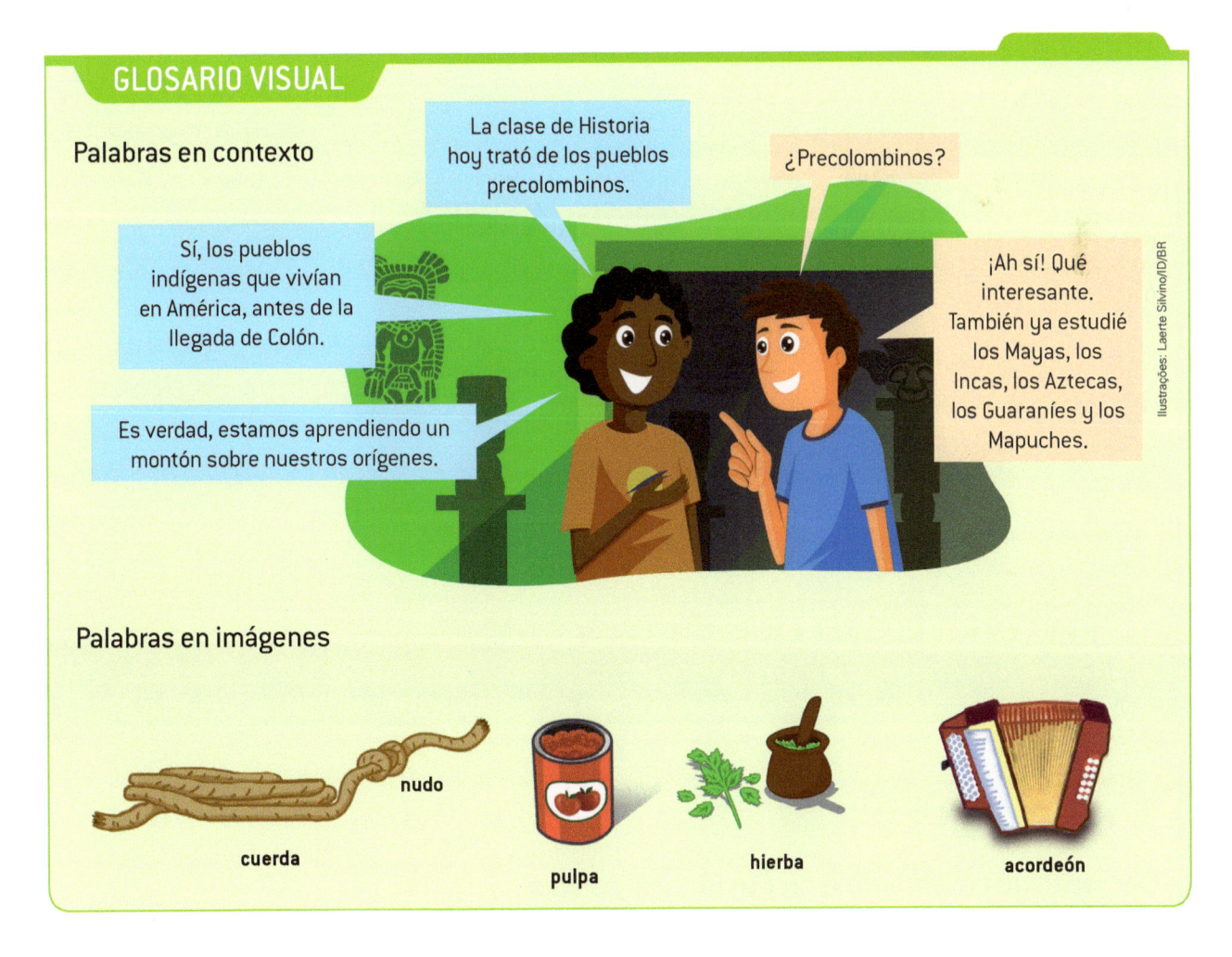

GLOSARIO VISUAL

Palabras en contexto

— La clase de Historia hoy trató de los pueblos precolombinos.

— ¿Precolombinos?

— Sí, los pueblos indígenas que vivían en América, antes de la llegada de Colón.

— ¡Ah sí! Qué interesante. También ya estudié los Mayas, los Incas, los Aztecas, los Guaraníes y los Mapuches.

— Es verdad, estamos aprendiendo un montón sobre nuestros orígenes.

Ilustrações: Laerte Silvino/ID/BR

Palabras en imágenes

cuerda — nudo

pulpa

hierba

acordeón

2

Estudio y me informo: fenómenos naturales, catástrofes ambientales...

LA CRÓNICA DE HOY

Catástrofes naturales dejan 2,500 muertos en México

BLANCA ESTELA BOTELLO | NACIONAL

2011-08-08 | Hora de creación: 22:39:38 | Última modificación: 22:39:38

El Tribuno.com.ar

miércoles 04 de enero de 2012 — 20°C Despejado

LINDSAY WILEY, ESPECIALISTA EN SALUD PÚBLICA Y MEDIO AMBIENTE

"Hay contribución humana para que los desastres naturales sean más frecuentes"

viernes 05 de agosto de 2011 — Salta

JIMENA GRANADOS, EL TRIBUNO

Más vistas:
- Hallan un cadáver colgado en el cerro de villa Las Rosas
- Le clavó cuatro puñaladas porque le pegó a su hermana
- Una madre amenazó con matar a su hijo
- Los trillizos Mamaní: una historia que lleva 18 años
- Primeras víctimas

Semana.com

miércoles, 04 de enero de 2012

Inicio / Nación

Derrame de combustible en Cartagena genera emergencia ambiental

En esta unidad...

... aprenderemos sobre algunos fenómenos naturales y catástrofes ambientales. Nos informaremos sobre el medio ambiente a través de reportajes y video clase. Al final podremos contestar a la pregunta: ¿Hago buenos comentarios sobre los reportajes? ¿Me entero de los fenómenos y desastres naturales?

¡Para empezar!

Fíjate en los titulares de periódicos de al lado:

1. ¿A qué se refieren?

2. En cada título, hay una palabra que demuestra la gravedad del problema ambiental. ¿Qué palabras son estas?

3. No siempre los fenómenos naturales son desastres. Ellos se caracterizan por desastre o catástrofe cuando asumen una proporción muy grande que afecta al ser humano causando muertes y perjuicios a determinada localidad. ¿Estás de acuerdo con la afirmación del titular del periódico *El Tribuno.com.ar*?

> **"Hay contribución humana para que los desastres naturales sean más frecuentes"**

4. ¿Ya ocurrió en tu ciudad algún desastre ambiental? ¿Cuál? ¿Cuándo? ¿Qué tipos de consecuencias hubo para la población?

Transversalidad

Aquí el tema transversal es la cuestión del medio ambiente, de los fenómenos naturales y de las catástrofes ambientales. Se discute el papel del hombre en estas tragedias.

Género textual
- Reportaje

Objetivo de lectura
- Descubrir las voces que hablan en el reportaje sobre Haití.

Tema
- Terremoto de Haití

Lectura

Almacén de ideas

1. Así como las noticias, los reportajes podemos leerlos en revistas y periódicos. Por tus lecturas en portugués, ¿para qué sirven?
   _____
   _____
   _____

2. Vas a leer un reportaje cuyo título es "Haití: un año después", de 12 de enero de 2011. ¿Sobre qué imaginas que leerás en este reportaje? ¿Qué ocurrió en Haití el 12 de enero de 2010?
   _____
   _____
   _____

3. La entradilla de un reportaje cumple algunas funciones tales como suscitar interés por el contenido, avivar el deseo de información, e incitar a la acción, a continuar leyendo. Si fueras a leer un reportaje cuya entradilla es:

   > Un año después del terremoto en Haití, aún hay unas 810 000 personas viviendo en campamentos para desplazados.

   ¿Te parece importante leerlo por completo? ¿Por qué?
   _____
   _____
   _____
   _____

Red (con)textual

Lee el siguiente reportaje del diario electrónico *Voz de América*. Es común que en los reportajes haya algunas voces que hablan sobre la temática en análisis. Mientras lees, subraya los nombres de las personas y/u organizaciones que emitieron sus opiniones sobre Haití.

Vocabulario de apoyo
Campamento: vivienda provisoria.
Desplazados: personas que están sin hogar para vivir.
Lejos: distantes.
Todavía: hasta el momento.
Temblor: terremoto.
Expertos: especialistas.
Brote: surgimiento.

A quien no lo sepa

Se pueden encontrar reportajes ambientales en varios periódicos y revistas hispánicos. Conoce algunos destinados a jóvenes lectores:
- <www.revistaintercole.com.ar>
- <www.porti.com.mx>
- <www.kilometrocero.cl/>
- <www.laonda.com.ec/>
- <www.elbuscapies.com>

Accesos el 6 de marzo de 2012.

AMÉRICA LATINA

12 de enero de 2011

Haití: un año después

Un año después del terremoto en Haití, aún hay unas 810 000 personas viviendo en campamentos para desplazados.

Redacción | voanoticias.com

La situación en Haití no es la mejor después de un año. A la zona devastada por el terremoto llegan periodistas, políticos, actores y organizadores de ayuda humanitaria, pero la situación sigue siendo la misma.

"Cuando te bajas del avión te das cuenta que nada ha cambiado, que todo sigue igual", dijo Lyonel Desmarattes, periodista del Servicio Creole de la *Voz de América*, quien llegó a Haití.

Grupos de ayuda humanitaria siguen criticando el lento progreso de reconstrucción.

La organización Médicos del Mundo dijo que "condiciones de supervivencia" en Haití, un año después, siguen siendo "extremadamente precarias". El organismo criticó a la comunidad internacional por estar "lejos de cumplir sus compromisos en materia de reconstrucción".

La Organización de Naciones Unidas para la Agricultura y la Alimentación (FAO) ha señalado este martes la necesidad de apoyar la agricultura para garantizar la seguridad alimentaria en Haití.

El coordinador humanitario de la ONU para Haití, Nigel Fisher, señala que la situación en Haití, un año después sigue siendo crítica para las víctimas. "A fecha del primero de enero unas 810 000 personas todavía seguían viviendo en los 1 150 campamentos que estimamos siguen existiendo", señaló Fisher.

La noticia alentadora es que un 95% de los niños en las zonas afectadas por el temblor, que iban a la escuela antes de la tragedia, han regresado a las escuelas.

Cólera y otras enfermedades

Los expertos en salud y las organizaciones que prestan ayuda humanitaria aseguran que las epidemias que se temían aparecer tras el terremoto no ocurrieron. Sin embargo, el brote de cólera que ya se ha cobrado la vida de al menos 3 600 personas sigue siendo preocupante. El coordinador de la Cruz Roja española en Cataluña, Enric Morist, dijo que continuarían trabajando durante cinco años más para mejorar las condiciones de vida en Haití.

Una sonrisa

Pese a la calamidad, muchos haitianos están tratando de regresar a la normalidad.

Según Lyonel Desmarattes, periodista del Servicio Creole de la *Voz de América*, en algunas calles y campamentos se escuchan sonrisas y música. "Camino al hotel, cuando venía hacia el hotel, pude escuchar mucha gente cantando, escuchando música de una radio y bailando. La gente intenta olvidar lo que sucede por un momento", explicó Desmarattes.

Un 95% de los niños en las zonas afectadas por el temblor, que iban a la escuela antes de la tragedia, han regresado a las escuelas.

Sacado de: <www.voanews.com/spanish/news/latin-america/haiti-terremoto-113284204.html>.
Acceso el 3 de febrero de 2012.

Tejiendo la comprensión

1. La estructura de un reportaje no es muy fija y varía de acuerdo con cada tipo y periódico. Pero hay algunas características que, normalmente, se encuentran en un reportaje. Obsérvalas:

Titular	Aparece destacado e intenta resumir la temática del reportaje.
Entradilla	Pequeño texto cuya finalidad principal es captar el interés del lector.
Fecha	Día, mes y año en que se publicó el reportaje.
Autor	Es el nombre del periodista responsable por el reportaje o la redacción del periódico.
Fuente	Es el nombre del medio de comunicación.
Cuerpo	Desarrolla el relato de los hechos con las informaciones sobre el tema tratado.
Foto	Imagen que atestigua la temática del reportaje.
Pie de foto	Explicación de la foto.

Vuelve al reportaje y, para cada parte, dale un color distinto. El titular coloréalo de verde; la entradilla de azul; la fecha de naranja; el autor de rosa; la fuente de amarillo; el cuerpo de rojo; la foto de gris; y el pie de foto de lila.

2. ¿Qué pasa en Haití un año después del terremoto?
_____
_____
_____

3. ¿Qué sabes tú sobre Haití? Investiga en sitios confiables de internet. Puedes incluso leer otros reportajes en el periódico *Voz de América* o en enciclopedias impresas y virtuales. Tras tus investigaciones, completa la tabla a continuación:

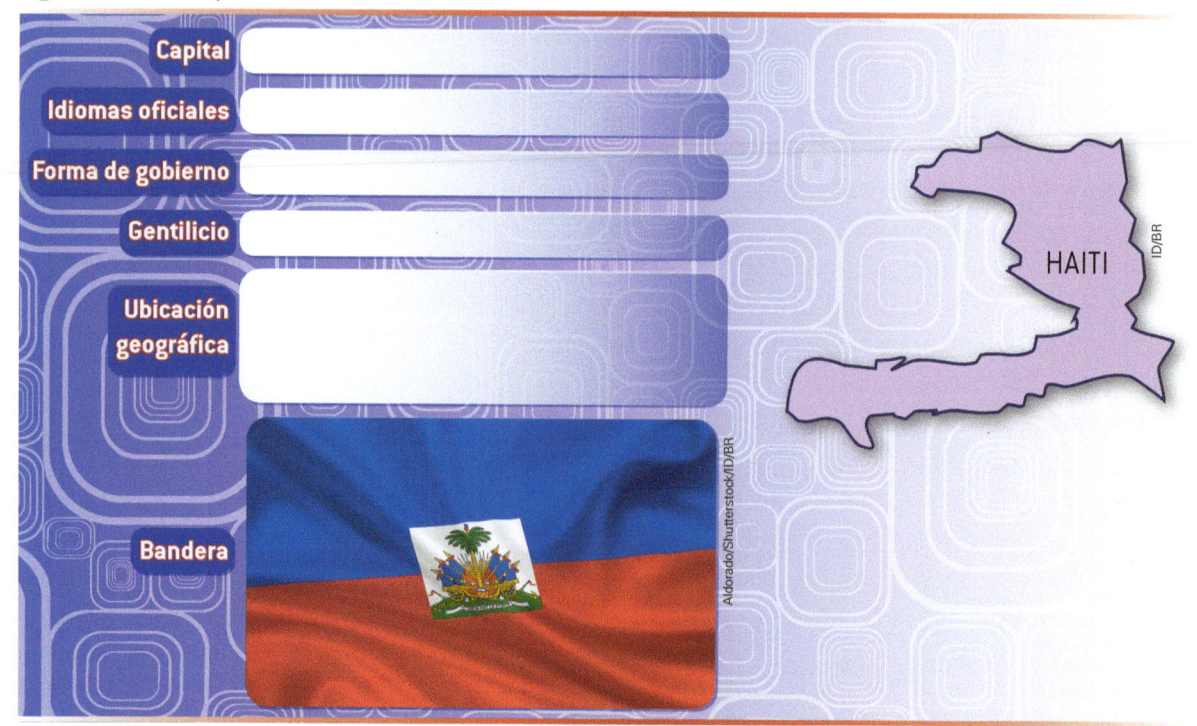

Capital	
Idiomas oficiales	
Forma de gobierno	
Gentilicio	
Ubicación geográfica	
Bandera	

Gramática en uso

Las comillas y los verbos de decir

1. En el reportaje, como has subrayado, aparecen algunas voces, pero algunas están marcadas por el uso de las comillas (" "). ¿Para qué sirven las comillas en el contexto del texto? Señala la respuesta correcta:

   ( ) Para expresar ironía en el habla de los entrevistados.

   ( ) Para introducir un habla directa de los entrevistados.

   ( ) Para marcar que la información está en lengua extranjera.

2. En los reportajes, es común que aparezcan hablas de personas que fueron entrevistadas y consultadas sobre la temática en investigación. Para dar la palabra a esas personas y hacer que no se cambie nada de lo dicho, se usan las comillas. Vuelve al reportaje y completa el recuadro con las informaciones que faltan.

¿Quién?	Verbos que marcan el habla	Habla
		"Cuando te bajas del avión te das cuenta que nada ha cambiado, que todo sigue igual"
	señaló	
Desmarattes		

En el reportaje, los verbos **dijo**, **señaló** y **explicó** marcan la voz de las personas que el reportero buscó para hacer su trabajo. Esos verbos se llaman verbos de "decir", o sea, expresan algo que alguien dijo.

En los tres ejemplos que viste, tras la frase entre comillas, se usa la coma (,) para después escribir el verbo seguido de la persona que informó algo. Observa los colores.

"Camino al hotel, cuando venía hacia el hotel, pude escuchar mucha gente cantando, escuchando música de una radio y bailando. La gente intenta olvidar lo que sucede por un momento", explicó Desmarattes.

3. Ahora, haz lo mismo con los dos otros ejemplos. Colorea de verde el habla directa; de rosa la coma; de azul el verbo; y de amarillo quien lo dijo.

   a) "A fecha del primero de enero unas 810 000 personas todavía seguían viviendo en los 1 150 campamentos que estimamos siguen existiendo", señaló Fisher.

   b) "Cuando te bajas del avión te das cuenta que nada ha cambiado, que todo sigue igual", dijo Lyonel Desmarattes.

4. Ahora lee estos dos comentarios sobre el terremoto que asoló Haití en enero de 2010.

> "Ánimo, haitianos. La ayuda va en camino, pero la verdadera fortaleza de Haití está en su gente. Los mayas lo predijeron después de medir el paso del tiempo. Estamos en los últimos años de un ciclo. La Tierra se sincroniza con el Sol. El polo norte está cambiando fuertes nevadas, y en el sur calor. Alerta los siguientes tres años habrá cambios climáticos, inundaciones y terremotos." – *Jaime, México*.

> "Me solidarizo con el pueblo haitiano, pediré a Dios todo poderoso la fortaleza necesaria para nuestro hermano pueblo de Haití. Todos los hondureños deberíamos unirnos al dolor de estos hermanos y solicito al gobierno hondureño que desde nuestra pobreza apoyemos a estas personas ya que tanto lo necesitan, Dios les conceda los dones del Espíritu Santo. Bendiciones, ánimo, Dios está con todos nosotros." – *Maritza Fernández, Honduras*.

Sacado de: <www.voanews.com/spanish/news/usa/Haiti-terremoto-solidaridad-web-81359412.html>. Acceso el 3 de febrero de 2012.

¿Qué dijeron ellos sobre la tragedia en Haití? Elige la afirmación que más te llamó la atención en cada comentario y reprodúcela usando el estilo directo. **¡Ojo!** Hay que reflexionar sobre la intención de esas personas. Para evitar usar los mismos verbos, siguen algunos que te ayudarán en la escritura.

añadir – advertir – afirmar – subrayar – contradecir – confesar – explanar – gritar – garantizar – ordenar – solicitar – cuestionar – contestar – sintetizar – hablar

_____
_____
_____

Vocabulario en contexto

1. El reportaje habla específicamente sobre un fenómeno natural: el terremoto. ¿Conoces otros fenómenos naturales? A continuación, hay un crucigrama con la palabra **terremoto** y espacios para las siguientes palabras:

tsunami (7), maremoto (8), tormenta (8), tornado (7), huracán (7)

Ojo a la cantidad de letras a la hora de rellenar el crucigrama.

2. A continuación, tienes imágenes de fenómenos naturales. Bajo cada imagen, escribe su nombre.

_____   _____   _____

_____   _____   _____

_____   _____

A quien no lo sepa

¿Sabías que la palabra **tornado** procede del inglés *tornado*, que a su vez tiene su origen en el español **tronada**, "tempestad de truenos"?

Género textual
- Comentario

Objetivo de escritura
- Comentar un reportaje.

Tema
- Catástrofes ambientales

Tipo de producción
- Individual

Lectores
- Internautas

■ Escritura

Conociendo el género

Cuando leemos algún reportaje, muchas veces nos dan ganas de comentarlo y emitir nuestra opinión sobre los hechos investigados y la temática en destaque. Lee un comentario que se hizo sobre el reportaje que has leído en la sección de lectura intitulado "Haití: un año después".

Munia Republica Dominicana 13 de enero de 2011

Pienso que lo más prudente para ayudar a Haití es no dejar que el gobierno administre el dinero, la mejor ayuda es que el organismo internacional o la comisión de ayuda administre, planificando junto a los haitianos y contratando los trabajos para la reconstrucción, priorizando de manera puntual la inversión de los recursos económicos y recursos humanos, que incidan positivamente en el desarrollo haitiano.

Sacado de: <www.voanews.com/spanish/news/latin-america/haiti-terremoto-113284204.html>.
Acceso el 3 de febrero de 2012.

---

1. ¿Quién ha expresado la opinión? ¿De dónde es? ¿Cuándo lo ha hecho?
_____

2. ¿Qué expresión Munia usó para expresar su punto de vista y para iniciar su comentario?
_____

3. ¿Qué informaciones del reportaje le interesó más a Munia? Para contestar, es necesario leer el reportaje una vez más y relacionarlo con la opinión de la internauta.
_____
_____
_____
_____
_____

Como has observado, para emitir un comentario en la web, hay que escribir el nombre, el país de origen y la opinión, siempre relacionándola con alguna información del reportaje leído.

A quien no lo sepa

Escala Richter es una escala que mide la intensidad de los temblores de tierra. Su nombre se debe a un sismólogo norteamericano llamado Charles Richter.

Planeando las ideas

1. Lee este reportaje, pues tendrás que comentarlo: ¿Qué países latinoamericanos fueron afectados por los terremotos?

REPORTAJE

Los sismos más devastadores en América Latina

CARACAS, Venezuela.– La versión on line del periódico El Universal *hace un recuento de los terremotos más devastadores ocurridos en Latinoamérica en los últimos 100 años.*

Sábado, 27 de Febrero de 2010. 06:56

Haití: 12 de enero de 2010

Este sismo ha sido el más fuerte registrado en la zona desde 1770. Sus efectos fueron devastadores, con un saldo de muertos de más de 150 000. El epicentro estuvo a 15 kilómetros de Puerto Príncipe, la capital, y según el Servicio Geológico de Estados Unidos, el sismo tuvo una magnitud de 7,0 grados.

El desastre dejó más de 250 000 heridos y a un millón de personas sin hogar.

Costa Rica: 9 de enero de 2009

Al menos 34 personas murieron en un sismo de clic 6,2 grados en la escala de Richter, con epicentro a 32 kilómetros de la capital, San José. Se trató del temblor más intenso en las cercanías del volcán Poás en los últimos 150 años.

Perú: 15 de agosto de 2007 (El más devastador)

Un terremoto de 7,9 grados cuyo epicentro se situó en la costa central del país, a unos 45 kilómetros de Chincha Alta, causando la muerte a 519 personas y dejando a más de 300 000 sin hogar.

El Salvador: 13 de enero de 2001

En el mes de enero de 2001 en El Salvador un sismo de magnitud 7,6 en la escala de Richter, en las costas salvadoreñas, provocó una gran devastación en buena parte del país. El mayor impacto del sismo se registró en la Colonia "Las Colinas" de Santa Tecla. Allí, un alud de 150 000 metros cúbicos de tierra se desprendió de la Cordillera del Bálsamo, lo cual provocó que cerca de 200 casas quedaran sepultadas y produjo la muerte de cientos de personas. Un mes después se produjo otro movimiento telúrico.

México: 19 de septiembre de 1985

Un terremoto de 8,1 en la escala de Richter golpeó la capital mexicana en 1985 y dejó un saldo de al menos 9 500 personas muertas.

Guatemala: 4 de febrero de 1976

El país centroamericano fue sacudido por un sismo de 7,6 en la escala de Richter. Se calcula que aproximadamente 25 000 personas perdieron la vida.

Nicaragua: 23 de diciembre de 1972

Hasta 10 000 personas mueren en la capital nicaragüense, Managua, a causa de un terremoto que mide 6,5 grados.

Perú: 31 de mayo de 1970

Un terremoto en los Andes peruanos provoca un desprendimiento de tierra que entierra la ciudad de Yungay y mata a unas 66 000 personas.

El terremoto de este sábado en Chile es considerado uno de los más fuertes jamás registrados.

Chile: 22 de mayo de 1960

El "terremoto de Valdivia" fue el mayor movimiento telúrico jamás registrado: marcó 9,5 grados en la escala de Richter y dejó más de 2 000 muertos.

A consecuencia del temblor, se generaron varias olas gigantes o *tsunamis* que borraron del mapa a ciudades enteras de la costa chilena y causaron víctimas mortales a cientos de kilómetros de distancia: 138 muertos en Japón, 61 en Hawaii y 32 en Filipinas.

Chile es uno de los países en que ocurren anualmente más temblores, debido a que gran parte de su territorio está expuesto al constante choque de las placas tectónicas de Nazca y de Suramérica.

Sacado de: <www.sipse.com/noticias/34594-reportaje-sismos-devastadores-america-latina.html>. Acceso el 3 de febrero de 2012.

2. Ahora lee el comentario que ha hecho un internauta sobre el reportaje: ¿qué comenta él? Charla con tu compañero(a).

> **Comentarios de los lectores**
>
> Martes, 2 de marzo de 2010. 21:06
>
> E. de D.
>
> Solo quería decirles a los chilenos que lo sentimos mucho, lamentamos los hechos. Tienen nuestro apoyo del pueblo hondureño. Al leer las historias de los temblores de América Latina, me fijé que no está allí el sismo de 7,8 que sacudió Honduras en mayo del 2009 a las 3 AM de madrugada.
>
> Adaptado de: <www.sipse.com/noticias/34594-reportaje-sismos-devastadores-america-latina.html>.
> Acceso el 3 de febrero de 2012.

Taller de escritura

Tu objetivo es hacer un comentario sobre el reportaje. Para eso, usa el espacio que te da la página web y observa las instrucciones de la misma. Además, lee el box "Vocabulario de apoyo" con algunas expresiones de opinión.

> **Vocabulario de apoyo**
>
> Pienso que… – Para mí… – Desde mi punto de vista… – Me parece que… – No cabe la menor duda de que…

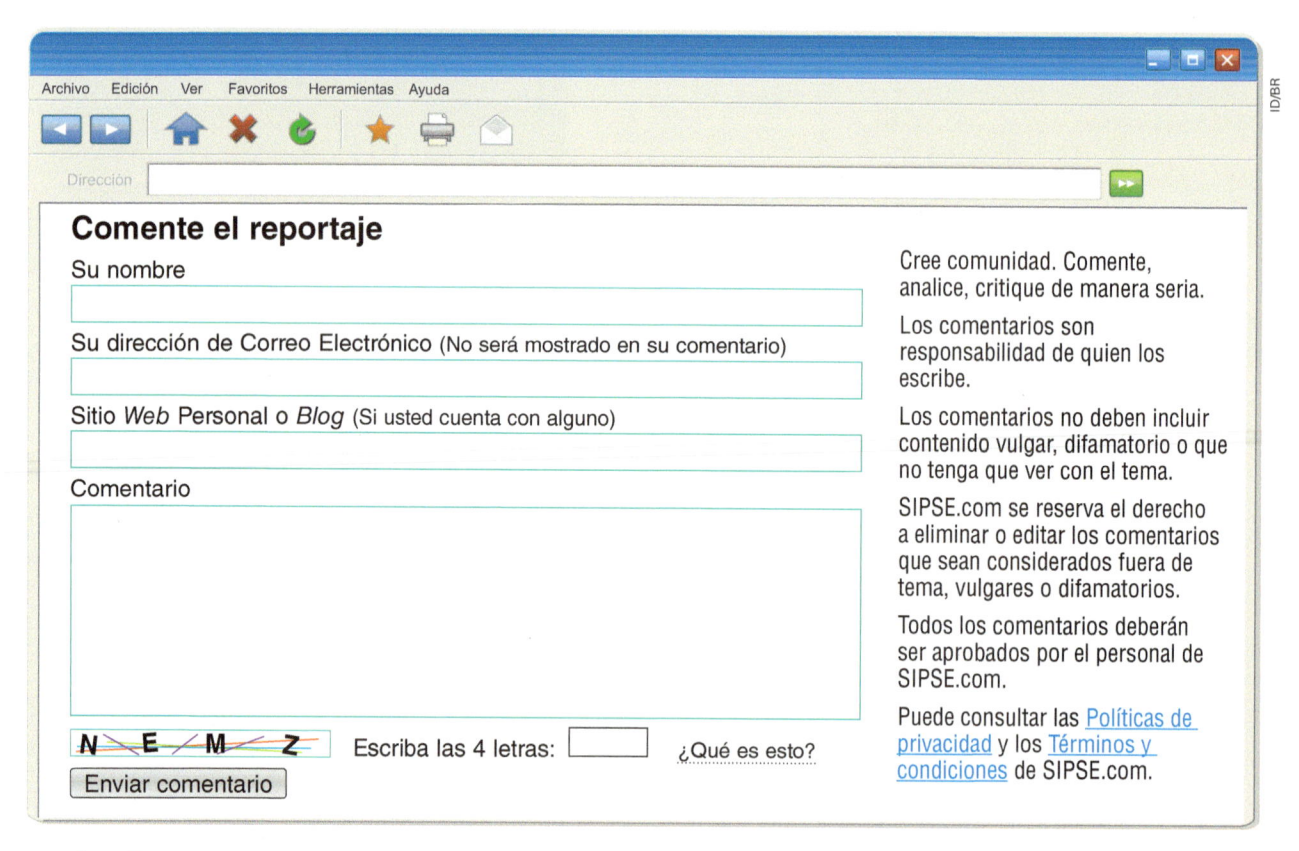

Comente el reportaje

Su nombre

Su dirección de Correo Electrónico (No será mostrado en su comentario)

Sitio Web Personal o Blog (Si usted cuenta con alguno)

Comentario

N E M Z   Escriba las 4 letras: ____   ¿Qué es esto?

[Enviar comentario]

Cree comunidad. Comente, analice, critique de manera seria.

Los comentarios son responsabilidad de quien los escribe.

Los comentarios no deben incluir contenido vulgar, difamatorio o que no tenga que ver con el tema.

SIPSE.com se reserva el derecho a eliminar o editar los comentarios que sean considerados fuera de tema, vulgares o difamatorios.

Todos los comentarios deberán ser aprobados por el personal de SIPSE.com.

Puede consultar las Políticas de privacidad y los Términos y condiciones de SIPSE.com.

(Re)escritura

Relee tu comentario y observa si:
- tiene relación con el tema del reportaje;
- está bien redactado y sin errores gramaticales.

■ Escucha

¿Qué voy a escuchar?

Género textual
- Video clase

Objetivo de escucha
- Aprender cómo funcionan los volcanes.

Tema
- Erupciones volcánicas

1. ¿Qué es una video clase?
   _____

2. ¿Has visto alguna vez una clase en la televisión?
   _____

3. Vas a escuchar una video clase que hablará sobre lo que le ha llamado la atención a Ana en sus vacaciones en Tenerife: El Teide, el pico más alto de España. Cuando regresó, decidió investigar esa región. Formula hipótesis y circula sobre lo que piensas que ella estudió:

Volcanes   Huracanes   Tsunamis

Escuchando la diversidad de voces

🎧 4 Vas a escuchar una video clase (sacado de <http://educacion.practicopedia.com/ciencias-naturales/como-funciona-un-volcan-10319>, acceso el 6 de marzo de 2012), que enseña sobre el funcionamiento de los volcanes. Como en una clase en vivo, debes tomar nota. Completa los infográficos con las palabras que faltan.

1. Las erupciones volcánicas no tienen la misma fuerza. Pueden ser:

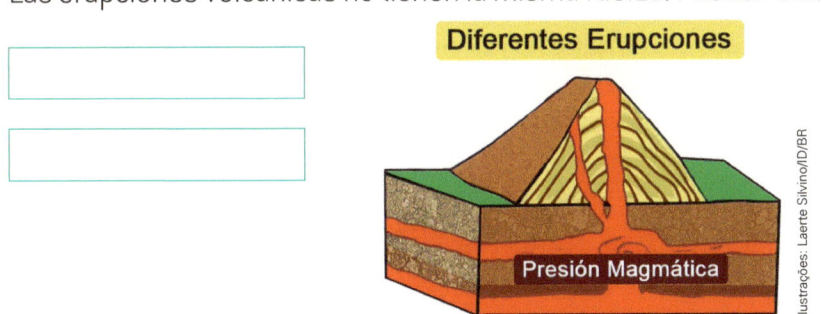

Diferentes Erupciones

Presión Magmática

2. ¿Cómo un volcán puede estar?

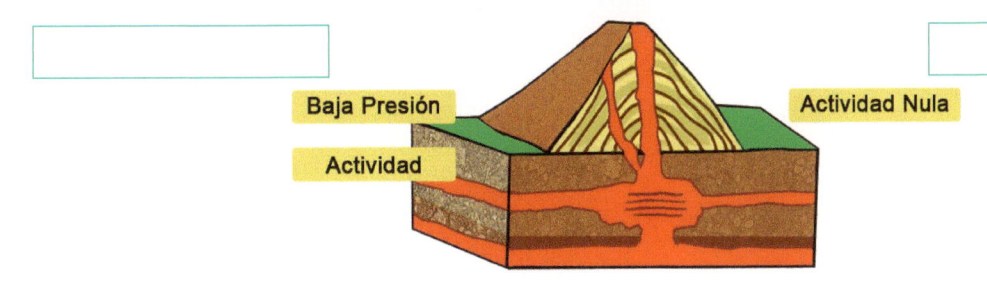

Baja Presión   Actividad Nula
Actividad

treinta y nueve 39

Comprendiendo la voz del otro

🎧 **4** Escucha una vez más y, en las líneas a continuación, contesta a las preguntas: ¿Qué son y cómo funcionan los volcanes? El infográfico te ayudará.

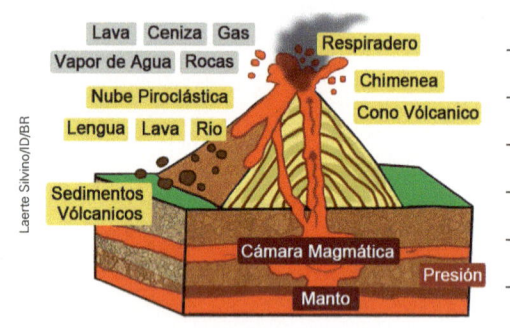

_____
_____
_____
_____
_____
_____

Gramática en uso

El artículo neutro lo

Lee algunos pasajes de la video clase y observa la palabra en destaque:

> "Ana ha estado de vacaciones en Tenerife. **Lo** que más le ha llamado la atención ha sido el Teide, el pico más alto de España, y que además es un volcán."
>
> "La chimenea puede tener una fisura por la que también asciende el magma, saliendo al exterior por **lo** que se denomina grieta lateral o respiradero."

El artículo neutro **lo** se usa delante de oraciones introducidas por **que**, sustantivándolas.

1. ¿Qué sustantivos o ideas están representados por el uso del artículo **lo** en el contexto de las dos oraciones?

   1ª: Lo: _____

   2ª: Lo: _____

El artículo neutro **lo** también se usa delante de **adverbios**. Observa su uso en la video clase:

> "Un volcán está dormido cuando su presión interior no es **lo suficientemente** elevada como para que entre en erupción, pero tiene actividad interna."

Su uso más común es delante de adjetivos. Normalmente, **lo + adjetivo** da lugar a sustantivos abstractos que designan, frecuentemente, cualidades o defectos.

Observa los ejemplos:

> ¿Viste **lo** guapo que es Juanjo?
> ¿Has observado **lo** guapa que está Ana?
> ¡Mira **lo** guapas que son esas chicas!
> ¡Observa **lo** guapos que están nuestros hijos!

⏻ Véase también el **objeto educacional digital** "EL o LO".

2. Ahora completa la respuesta a la pregunta: ¿Por qué se lo denomina **neutro**?

   El artículo **lo** se lo denomina **neutro** ya que no sufre alteraciones de _____ (masculino/femenino) ni de _____ (singular/plural).

Oído perspicaz: el español suena de maneras diferentes

La sílaba tónica

Todas las palabras están constituidas por una o más sílabas. Las sílabas son sonidos articulados que constan de un solo núcleo fónico. De la sección "Escuchando la diversidad de voces" entresacamos los siguientes enunciados:

- Ana ha estado de vacaciones en Tenerife.
- El magma se encuentra bajo presión en el manto terrestre.
- La lava se solidifica y se convierte en roca al enfriarse.

1. 🎧 5 Observa esos enunciados separados en sílabas. Subraya la sílaba tónica de cada palabra según el audio.

   a) A-na ha es-ta-do de va-ca-cio-nes en Te-ne-ri-fe.

   b) El mag-ma se en-cuen-tra ba-jo pre-sión en el man-to te-rres-tre.

   c) La la-va se so-li-di-fi-ca y se con-vier-te en ro-ca al en-fri-ar-se.

   Ahora fíjate en el nombre de las sílabas por su lugar en la palabra:

Te-	-ne-	-ri-	-fe
primera	antepenúltima	penúltima	última

   - Cuando en una palabra la sílaba tónica es la última, la llamamos **aguda**:
     presión, actividad, además, volcán.
   - Cuando en una palabra la sílaba tónica es la penúltima, la llamamos **grave**:
     vacaciones, trabajo, roca, manto.
   - Cuando en una palabra la sílaba tónica es anterior a la penúltima, la llamamos **esdrújula**:
     cámaras, piroclástica, atmósfera, volcánica.
   - Cuando en una palabra la sílaba tónica es la anterior a la antepenúltima, la llamamos **sobresdrújula**:
     pregúntaselo, fácilmente, arreglándoselas, rápidamente.

2. Lee en voz alta la siguiente frase de la video clase:

   > El magma se convierte en lava y al salir al exterior desciende por el cono volcánico tomando forma de río o lengua.

   Pronuncia con atención cada una de las palabras que contengan más de una sílaba y escríbelas en el lugar que les corresponda, de acuerdo con el lugar que en ellas se encuentra la sílaba tónica. **¡OJO!** No siempre la tónica lleva tilde.

Agudas	Graves	Esdrújulas

Género textual
- Video clase o clase en vivo

Objetivo de habla
- Enseñar sobre los *tsunamis*.

Tema
- Los *tsunamis*

Tipo de producción
- Cinco grupos

Oyentes
- Alumnos

Habla

Lluvia de ideas

Escuchaste una video clase. Ahora tendrás que hacer una. Puedes grabarla de verdad, caso tengas cámara, o entonces, hacer una clase en vivo explicándoles a tus compañeros como ocurren los *tsunamis*. Para eso, puedes estudiar el infográfico "Olas de destrucción masiva" de la revista *Muy Interesante*. Lee el infográfico, observa sus imágenes y estúdialo.

INFOGRAFÍA OLAS DE DESTRUCCIÓN MASIVA

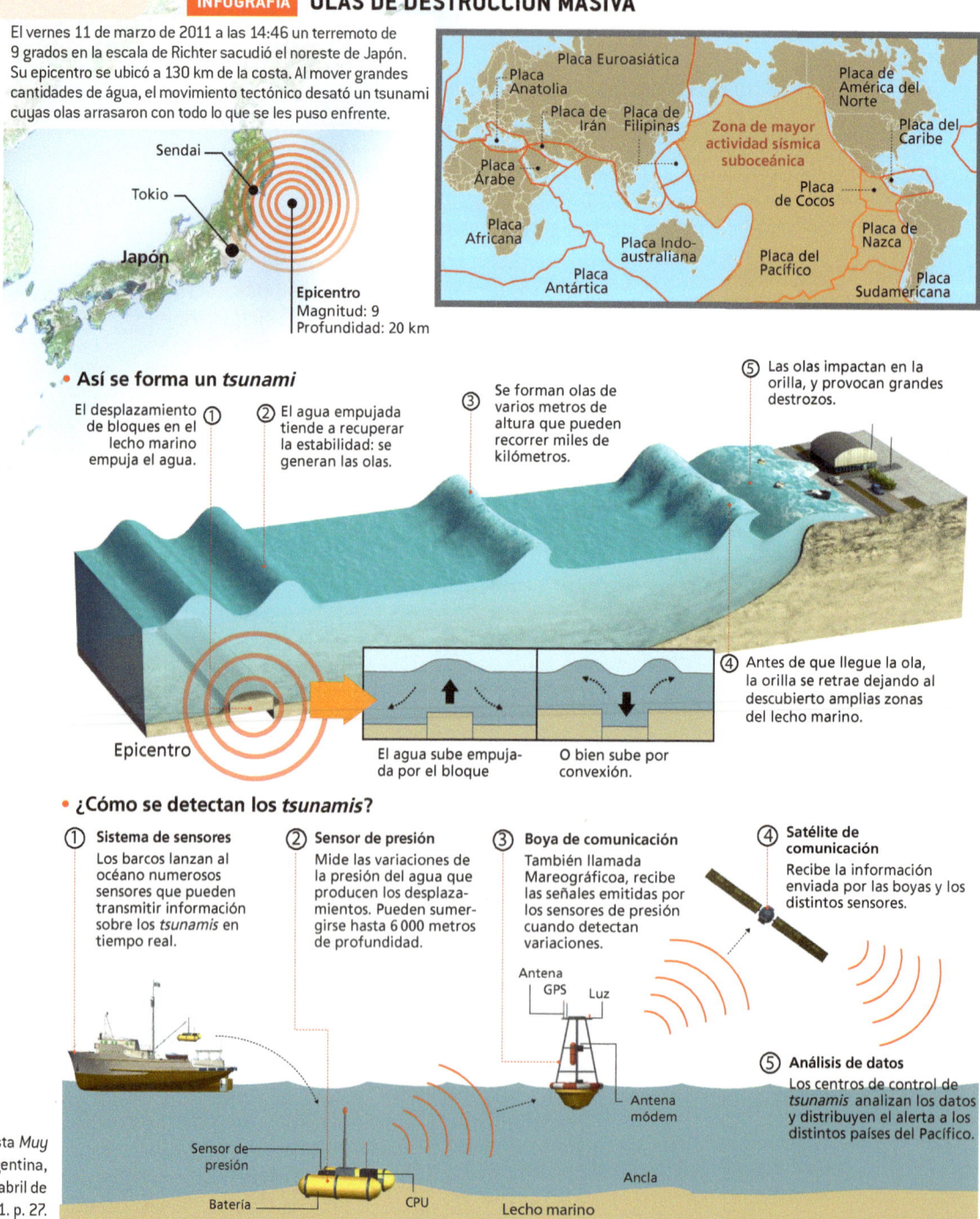

El vernes 11 de marzo de 2011 a las 14:46 un terremoto de 9 grados en la escala de Richter sacudió el noreste de Japón. Su epicentro se ubicó a 130 km de la costa. Al mover grandes cantidades de água, el movimiento tectónico desató un tsunami cuyas olas arrasaron con todo lo que se les puso enfrente.

Sendai
Tokio
Japón
Epicentro
Magnitud: 9
Profundidad: 20 km

Placa Euroasiática
Placa Anatolia
Placa de Irán
Placa de Filipinas
Placa Árabe
Placa Africana
Placa Indo-australiana
Placa Antártica
Placa del Pacífico
Placa de América del Norte
Placa del Caribe
Placa de Cocos
Placa de Nazca
Placa Sudamericana
Zona de mayor actividad sísmica suboceánica

• Así se forma un *tsunami*

① El desplazamiento de bloques en el lecho marino empuja el agua.

② El agua empujada tiende a recuperar la estabilidad: se generan las olas.

③ Se forman olas de varios metros de altura que pueden recorrer miles de kilómetros.

④ Antes de que llegue la ola, la orilla se retrae dejando al descubierto amplias zonas del lecho marino.

⑤ Las olas impactan en la orilla, y provocan grandes destrozos.

Epicentro
El agua sube empujada por el bloque
O bien sube por convexión.

• ¿Cómo se detectan los *tsunamis*?

① **Sistema de sensores**
Los barcos lanzan al océano numerosos sensores que pueden transmitir información sobre los *tsunamis* en tiempo real.

② **Sensor de presión**
Mide las variaciones de la presión del agua que producen los desplazamientos. Pueden sumergirse hasta 6 000 metros de profundidad.

③ **Boya de comunicación**
También llamada Mareográficoa, recibe las señales emitidas por los sensores de presión cuando detectan variaciones.

④ **Satélite de comunicación**
Recibe la información enviada por las boyas y los distintos sensores.

⑤ **Análisis de datos**
Los centros de control de *tsunamis* analizan los datos y distribuyen el alerta a los distintos países del Pacífico.

Antena GPS Luz
Antena módem
Sensor de presión
Batería CPU
Ancla
Lecho marino

Revista *Muy Interesante*, Argentina, año 26, n. 306, abril de 2011. p. 27.

Además, debes investigar en libros, revistas, periódicos y en sitios de internet datos para montar tu clase. Puedes también pedir ayuda a tu profesor de Geografía. Luego, debes hacer un resumen explicativo (como en las video clases vistas) en un cartel que será filmado o presentado en clase. Los alumnos se organizarán en cinco grupos. Cada grupo contestará a su pregunta y tendrá como máximo diez minutos para la presentación:

Grupo I: ¿Qué es un *tsunami*?

Grupo II: ¿Cómo se forma un *tsunami*?

Grupo III: ¿Cómo se detecta un *tsunami*?

Grupo IV: ¿Dónde ya ocurrieron *tsunamis*?

Grupo V: ¿Cuáles son las consecuencias de los *tsunamis*?

Rueda viva: comunicándose

¡A presentar la clase! Si has hecho un video, debes ponérselo a todos. Si no, debes presentar tu clase, usando la pizarra y el cartel confeccionado.

¡A concluir!

¿Cuál fue la mejor clase o video clase? ¿Qué has aprendido sobre los *tsunamis*? Toma nota sobre lo aprendido.

> **¡Ojo!**
> Piensa en el contexto de comunicación: una presentación formal de trabajo. Hay que ser didáctico y explicar el contenido de la clase de forma clara y eficiente.

Vocabulario en contexto

Para prevenir algunos desastres o por lo menos disminuir sus consecuencias, existen los servicios meteorológicos. Observa lo que dicen sobre el clima en San Carlos de Bariloche, en Argentina:

El tiempo en San Carlos de Bariloche

Se mantiene bueno y frío el tiempo para toda la región con viento del sector norte y escasa nubosidad.

Temperatura
-2.0 °C
Despejado
Humedad: 63%
Presión: 929.4 hPa
Vientos: SE 7 km/h

Datos registrados a las 10:00 hs.

DATOS DE AYER
MAX 8.3°
MIN -4.8°

EL SOL
Amanecer: 8:33 hs.
Cenit: 13:48 hs.
Ocaso: 19:03 hs.
(hora local)

LA LUNA
Menguante: 54.22%
Próx. Luna Nueva: 29/08
Próx. Luna Nueva: 06/04

domingo 21 agosto	lunes 22 agosto	martes 23 agosto
MAX 6° MIN -6° UV 0.0	MAX 7° MIN -1° UV 2.7	MAX 2° MIN -2° UV 2.7
despejado	nublado	nieve
nublado parcial	llovizna	nublado
Probabilidad de heladas. Muy frío a frío. Nubosidad en aumento por la tarde a noche.	Probabilidad de heladas. Frío. Probables lloviznas por la tarde a noche. Ascenso de temperatura.	Probabilidad de heladas. Muy frío. Probabilidad de nevadas por la mañana. Poco cambio de temperatura.

Sacado de: <www.infoclima.com/pronosticos/argentina/rio-negro/?I=40>. Acceso el 3 de febrero de 2012.

1. ¿Qué significa la expresión "el tiempo está despejado"?
   _____

2. ¿Qué ocurre cuando hay llovizna?
   _____

3. Bariloche es un lugar al que muchos turistas van a esquiar. Según el servicio de meteorología, ¿cuál sería el mejor día para practicar ese deporte?
   _____

4. En el servicio meteorológico se informan los nombres de tres de las cuatro fases de la Luna. ¿Cuáles son las cuatro? Escríbelas todas bajo las imágenes a continuación:

   _____   _____

   _____   _____

5. ¡A recordar los días de la semana! Completa la tabla con los datos que faltan. Observa el servicio de meteorología.

—	ANTEAYER	AYER	HOY	MAÑANA	PASADO MAÑANA	—
				DOMINGO	LUNES	MARTES
17 DE AGOSTO	18 DE AGOSTO	19 DE AGOSTO	20 DE AGOSTO	21 DE AGOSTO	22 DE AGOSTO	23 AGOSTO

El español alrededor del mundo

A la acción de caer gotas con algo de frecuencia e intensidad se le llama en España y en otras regiones del Caribe y de Centroamérica **lloviznar**. **Chispear** se usa en México, Colombia, Venezuela y varias partes más. **Pringar** es propio de Guatemala y El Salvador. **Gotear** se oye en Perú y en Argentina. **Garuar** se emplea en Paraguay. A la lluvia menuda que cae suavemente se le llama, en muchas partes, **llovizna**. También se dice **chipichipi** (en México), **brisa** (Nicaragua, Honduras), **garúa** (Perú, Argentina, Uruguay, Paraguay…).

44   cuarenta y cuatro

CULTURAS EN DIÁLOGO

nuestra cercanía

A muchos poetas la naturaleza les sirve de inspiración. La manera como uno describe un día de tiempo melancólico puede transformarse en arte poética, ¿no?

¿Has oído hablar alguna vez sobre el **haiku**? Es un poema breve, de composición de 17 sílabas poéticas organizadas en tres versos de 5, 7 y 5 moras, respectivamente, cuya temática está muy relacionada con la naturaleza. Su forma tradicional debe contener siempre una **Kigo**, palabras o frases que se asocian a una estación del año. Es una forma de poesía japonesa que se extendió a varios países.

¿Sabías que el poeta uruguayo Mario Benedetti hizo un libro cuyo título es *Rincón de haikus*? Lee uno de sus *haikus* que forma imágenes con la naturaleza:

> cuando diluvia
> pienso que está cayendo
> el mar de arriba

Tomado de Mario Benedetti. *Rincón de haikus*.
Buenos Aires: Editorial Sudamericana, 2000. p. 67.

¿Por qué el poeta sugiere que existe un "mar de arriba"?

_____

_____

Mora es una unidad de medida de la cantidad silábica, lo que equivale a una sílaba breve. Observa esa organización en el haiku:

> cuan + do + di + lu + via (5 moras)
> pien + so + quees + tá + ca + yen + do (7 moras)
> el + mar + dea + rri + ba (5 moras)

En el segundo verso la sílaba **que** se junta con **es-** de **está**, pues en la sonoridad se habla casi todo junto, formando una sola sílaba. Lo mismo ocurre con la preposición **de** y la sílaba **a-** de **arriba** en el tercer verso.

A quien no lo sepa

¿Sabías que Perú es el país de mayor población de inmigrantes japoneses de habla hispana? El haiku está presente en las obras de José Watanabe Varas (1945-2007). Alrededor de sus 12 años, su padre, que era japonés, empezó a traducirle los primeros haikus. Desde la niñez empezó su contacto con las letras. Sus poemarios más importantes son *Historia natural* (1994) y *Banderas detrás de la niebla* (2006).

CULTURAS EN DIÁLOGO

Lee otro haiku de Mario Benedetti:

qué terremoto
cruje el remordimiento
crujen las piedras

1. Busca en un diccionario monolingüe el significado del verbo **crujir** y escríbelo en la línea a continuación.
   _____
   _____

2. ¿Por qué el poeta elige el verbo **crujir** para hablar de un terremoto?
   _____
   _____

3. ¿Qué diferencia hay entre "crujir las piedras" y "crujir el remordimiento"?
   _____
   _____
   _____
   _____

4. Ahora, intenta dividir las palabras del segundo haiku de Benedetti en moras. Para eso, es necesario pronunciar en voz alta los versos. Observa qué sílabas se juntan. Ya sabes que el primer verso tiene 5, el segundo 7 y el último 5.
   _____
   _____
   _____

5. Por fin, a intentar hacer haikus. Puedes imaginar un huracán o un tornado, o inundaciones o sequías, u otros fenómenos naturales. ¿Qué imágenes te provocan? ¿Qué sentimientos te despiertan? No te olvides de la forma de los haikus: tres versos respectivamente de 5-7-5 moras.
   _____
   _____
   _____
   _____

A quien no lo sepa

¿Sabes dónde leer más haikus? Si te gustaron los de Benedetti, ya tienes un lugar donde leer más. Ese libro se encuentra reproducido gratis en internet en el sitio <www.librosgratisweb.com/libros/rincon-de-haikus.html> (acceso el 3 de febrero de 2012).

¿LO SÉ TODO? (AUTOEVALUACIÓN)

Lectura	¿Para qué sirve un reportaje?	¿Qué catástrofes ambientales ocurrieron recientemente en América Latina?	¿Qué informaciones he investigado sobre el Haití?
Escritura	¿Suelo comentar reportajes de la web?	¿Qué comenté yo sobre el reportaje leído?	¿De qué forma debo expresar mi opinión por escrito?
Escucha	¿Qué es una video clase?	¿Qué aprendí sobre los volcanes?	¿Sé identificar las sílabas tónicas de las palabras?
Habla	¿Cómo fue mi clase explicando sobre los *tsunamis*?	¿Qué elementos son importantes en una clase en vivo o por la televisión?	¿Sé pronunciar bien las palabras dándole tonicidad a la sílaba fuerte?
Gramática	¿Qué son los verbos de decir?	¿Qué estructuras conozco para expresar mi opinión en español?	¿Cuándo y cómo se usa el artículo **lo** neutro?
Vocabulario	¿Cuáles son los días de la semana en español?	¿Qué expresiones conozco para hablar del tiempo?	¿Qué palabras utilizan los pronósticos meteorológicos?
Cultura	¿Qué son haikus?	¿Quién es Mario Benedetti?	¿Qué sé sobre los haikus en Perú?
Reflexión	¿Qué se puede hacer para prevenir las catástrofes ambientales?	¿Qué catástrofes ambientales ya afectaron a Brasil?	¿Cómo podemos contribuir para mantener la naturaleza bajo control?

GLOSARIO VISUAL

Palabras en contexto

— Mira cuánto llueve en esa ciudad. Y en el noticiero han dicho que va a llover todavía más.

— Sí, pero eso es necesario. El tiempo estaba bastante caliente y el aire no tenía ninguna humedad. ¡Estaba irrespirable!

— Eso es. Sin embargo, la ciudad con lluvia se vuelve calamitosa. ¡Cuántas inundaciones! ¡Cuánta gente sin techo!

Palabras en imágenes

nube — chimenea — ola — alud

cuarenta y siete 47

Repaso: ¡juguemos con el vocabulario y la gramática!

Unidades 1 y 2

Individual

En la sopa de letras, encuentra solamente palabras que tengan el acento prosódico en la penúltima sílaba:

Z	T	A	Q	J	O	C	W	G	P	Y	M	Z	N	R	G	C	I	M
R	H	H	Z	G	Y	E	A	U	N	I	V	E	R	S	O	T	U	X
C	I	X	K	W	U	J	F	B	Z	X	R	N	T	P	M	R	A	C
V	M	G	C	I	R	S	I	Q	J	U	E	M	A	C	Q	J	N	O
A	X	V	N	C	X	Z	N	V	I	S	Á	N	K	W	I	S	B	V
R	G	M	J	N	T	P	F	O	V	B	V	R	J	E	U	H	Z	H
I	Y	B	V	Z	A	N	O	Z	E	U	Y	A	B	Z	J	X	U	S
E	X	L	H	N	M	U	G	D	B	H	Z	T	P	O	T	S	S	P
D	B	S	B	V	X	O	R	J	N	I	V	M	R	I	L	H	Z	U
A	Q	O	A	M	A	Q	Á	G	C	N	J	E	U	R	N	R	R	W
D	U	H	Y	X	H	Z	F	S	B	V	I	B	V	J	M	X	B	R
T	W	L	Q	G	R	S	I	Z	U	Q	A	Z	T	E	C	A	W	K
H	Z	A	M	É	R	I	C	A	Z	I	J	H	Z	G	C	I	H	Y
V	M	E	G	J	P	W	O	T	A	H	G	T	V	Q	Z	U	R	G
Q	J	K	W	B	V	T	X	W	V	M	I	Q	J	E	R	T	P	X
I	N	Q	J	R	S	H	L	G	C	J	N	S	B	V	U	M	H	Z
O	H	J	N	M	Z	F	R	T	P	Y	M	Z	N	P	W	X	U	Q
K	A	T	R	X	I	K	W	D	B	H	Z	P	U	E	B	L	O	S

En parejas

A jugar al ahorcado con el léxico de los fenómenos y desastres naturales. A continuación hay algunas imágenes que te ayudarán a la hora de elegir qué palabras usar. En parejas, a deletrear las letras que pertenecen a la palabra escogida.

48 cuarenta y ocho

En tríos

¡A producir nuestro juego de las comparaciones! Vas a copiar las tarjetas a continuación en papel cartón. Después, recórtalas con la tijera y ponlas boca abajo. Luego, hay que barajar el juego. Cada alumno saca una tarjeta y tiene que cumplir la tarea indicada. El que acierta, se queda con la tarjeta. Si no se acierta, hay que ponerla nuevamente boca abajo y barajar el juego. Gana el que tenga más tarjetas en la mano al final del juego.

¿Te acuerdas de las comparaciones?
Haz una frase con la comparativa de igualdad.
Asunto: Incas, Mayas y Aztecas

¿Te acuerdas de las comparaciones?
Haz una frase con la comparativa de superioridad.
Asunto: Machu Pichu y Ouro Preto

¿Te acuerdas de las comparaciones?
Haz una frase con la comparativa de inferioridad.
Asunto: Catástrofes ambientales

¿Te acuerdas de los comparativos irregulares?
No se dice "más bueno", se dice...

¿Te acuerdas de los comparativos irregulares?
Para la edad, no se dice "más pequeño", se dice...

¿Te acuerdas de los comparativos irregulares?
No se dice "más malo", se dice...

¿Te acuerdas de los comparativos irregulares?
Para la edad, no se dice "más grande", se dice...

¿Te acuerdas de las comparaciones?
¿Cuáles son los tres tipos?

En grupos

Entre todos, a jugar: hay que decir en cada una de las casillas si las informaciones se refieren al discurso directo o indirecto, observando al siguiente:

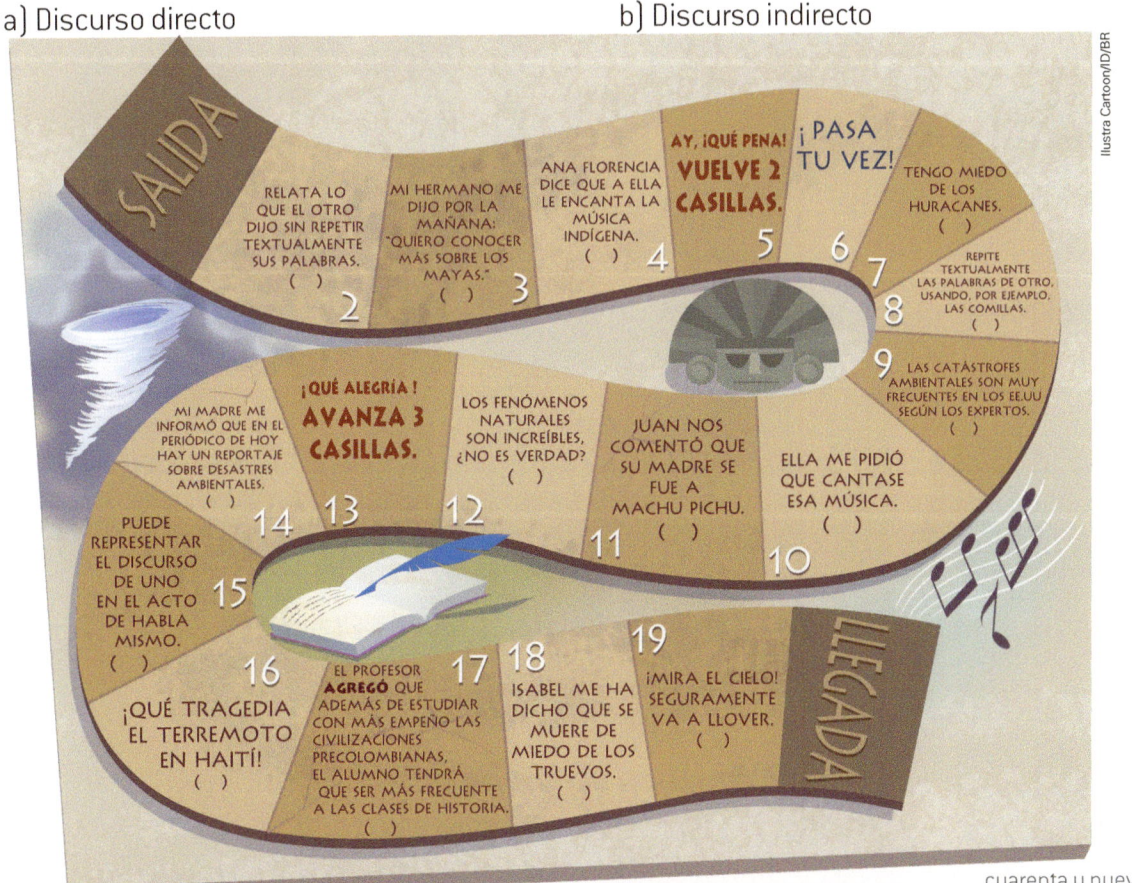

a) Discurso directo   b) Discurso indirecto

SALIDA

2. RELATA LO QUE EL OTRO DIJO SIN REPETIR TEXTUALMENTE SUS PALABRAS. ( )

3. MI HERMANO ME DIJO POR LA MAÑANA: "QUIERO CONOCER MÁS SOBRE LOS MAYAS." ( )

4. ANA FLORENCIA DICE QUE A ELLA LE ENCANTA LA MÚSICA INDÍGENA. ( )

5. AY, ¡QUÉ PENA! VUELVE 2 CASILLAS.

6. ¡PASA TU VEZ!

7. TENGO MIEDO DE LOS HURACANES. ( )

8. REPITE TEXTUALMENTE LAS PALABRAS DE OTRO, USANDO, POR EJEMPLO, LAS COMILLAS. ( )

9. LAS CATÁSTROFES AMBIENTALES SON MUY FRECUENTES EN LOS EE.UU SEGÚN LOS EXPERTOS. ( )

10. ELLA ME PIDIÓ QUE CANTASE ESA MÚSICA. ( )

11. JUAN NOS COMENTÓ QUE SU MADRE SE FUE A MACHU PICHU. ( )

12. LOS FENÓMENOS NATURALES SON INCREÍBLES, ¿NO ES VERDAD? ( )

13. ¡QUÉ ALEGRÍA! AVANZA 3 CASILLAS.

14. MI MADRE ME INFORMÓ QUE EN EL PERIÓDICO DE HOY HAY UN REPORTAJE SOBRE DESASTRES AMBIENTALES. ( )

15. PUEDE REPRESENTAR EL DISCURSO DE UNO EN EL ACTO DE HABLA MISMO. ( )

16. ¡QUÉ TRAGEDIA EL TERREMOTO EN HAITÍ! ( )

17. EL PROFESOR **AGREGÓ** QUE ADEMÁS DE ESTUDIAR CON MÁS EMPEÑO LAS CIVILIZACIONES PRECOLOMBIANAS, EL ALUMNO TENDRÁ QUE SER MÁS FRECUENTE A LAS CLASES DE HISTORIA. ( )

18. ISABEL ME HA DICHO QUE SE MUERE DE MIEDO DE LOS TRUENOS. ( )

19. ¡MIRA EL CIELO! SEGURAMENTE VA A LLOVER. ( )

LLEGADA

3 Anuncios clasificados: hogar dulce hogar...

En esta unidad...

... veremos cómo comprar, vender y alquilar casas, pisos y departamentos. Conoceremos los nombres de las partes de la casa y de los muebles que son comunes en cada lugar del hogar. Además, veremos que por el mundo hay diferentes tipos de viviendas que reflejan las culturas. Al final podremos contestar a las preguntas: ¿Qué tipos de vivienda conozco? ¿Sé anunciar y buscar inmuebles en los clasificados?

¡Para empezar!

1. Observa al lado las imágenes de algunas viviendas.
   a) ¿Cuál se parece más a la tuya?
   b) De estas viviendas, si pudieras comprarlas o alquilarlas, ¿cuál elegirías? ¿Por qué?

2. Mira la imagen y contesta:
   a) ¿Por qué esta persona está haciendo círculos en el papel?
   b) ¿Has circulado alguna vez una información que te interesa en los anuncios clasificados?

> **Transversalidad**
> Aquí el tema transversal es la cuestión de la pluralidad cultural a partir de la diversidad de tipos de casa, que reflejan las costumbres y hábitos de un pueblo.

cincuenta y uno 51

Género textual
- Clasificados

Objetivo de lectura
- Buscar un piso.

Tema
- Vivienda

■ Lectura

Almacén de ideas

Contesta oralmente a las siguientes preguntas:

1. ¿Qué función cumple la sección Clasificados en el diario? ¿En qué ocasiones uno suele consultarla?

2. Vas a leer la página de clasificados del periódico *La Opinión*, donde se anuncian casas en la playa: ¿qué tipo de informaciones crees que vas a encontrar? ¿Cómo deben ser esos inmuebles playeros?

Red (con)textual

Lee los clasificados a continuación de algunos inmuebles en la Región de Murcia, en España. Ellos fueron sacados de los clasificados en la página siguiente. Tienes que elegir uno para comprarlo. Circula el anuncio que te parezca más atractivo.

> **El español alrededor del mundo**
>
> La palabra **dormitorio**, que se usa en España, tiene muchos sinónimos. En Argentina también se le nombra **pieza**, **cuarto** o **habitación**; en Uruguay, **cuarto** o **habitación**; en Chile, **pieza**; en Venezuela, **cuarto**. En México se usa **recámara**.

INMOBILIARIA MARITIMA
Tlf. 968146170
EN CABO DE PALOS se vende apartamento de dos dorm, 1 baño, salon, cocina americana y terraza en buena zona. Precio: 168.000. -€.

MARES INMOBILIARIA
Tlf. 968 57 30 20
www.maresinmobiliaria.com
SANTIAGO DE LA RIBERA. Casa en planta baja de 2 dormitorios, baño, salón, cocina, terraza y patio. Amueblada y en muy buen estado. Urbanización privada. 138.000 €

CASAMANGA
Tlf. 968 563334
PORTMAN Apartamento Nueva Construccion en Portman. Dos dormitorios, baño, cocina, salón, garaje y trastero. Pvp: 150.235 €.

INMOBILIARIA 2 MARES
Tlf. 968 08 66 30
LA MANGA Aldea Real. 2 dormitorios, 2 baños, gran terraza, plaza de garaje, excelentes vistas al Mar Menor. Urbanización de lujo con piscina. PVP: 208.000 euros.

MURCIA COSTA
Tlf. 968 58 28 61
LOS ALCAZARES Urbanización Nuevo Principado. Apartamento seminuevo muy cerca de la playa. Cocina con todos los electrodomésticos. Completamente amueblado. 119.000 €

INMOBILIARIA LAS SALINAS
Tlf. 968 18 31 69
es.geocities.com/inmoblassalinas
LO PAGAN Edificio 1ª línea del mar, 1, 2 y 3 dormitorios desde 165.000 €.

Sacado de: <www.docstoc.com/docs/3256265/Domingo-de-noviembre-ANUNCIOS-CLASIFICADOS-S%C3%A1bado-de-noviembre-ANUNCIOS-CLASIFICADOS>. Acceso el 4 de febrero de 2012.

ANUNCIOS CLASIFICADOS

CARTAGENA

NUEVA PROMOCIÓN
CALLE REAL

AMPLIAS VIVIENDAS Y ÁTICOS, CON PLAZA DE GARAJE Y TRASTERO.

INCREÍBLES VISTAS CON LAS EXCELENTES CALIDADES QUE NOS CARACTERIZAN

GRUPO RV Inmobiliaria
RESIDENCIAL LA VAGUADA

Oficinas en C/ Mayor, 40
(esquina Plaza S. Sebastián)
Tel.: 968.12.13.14
WWW.GRUPORV.COM

---

1 Casas en la playa

INMOBILIARIA MARITIMA
Tlf. 968146170

LA MANGA se vende apartamento de 3 dorm, 2 baños, salon, cocina indp, terraza con vistas al mar de 50 m2 y garage cerrado, oportunidad de precio. 225.000.-€ Plaza Bohemia.

LA MANGA se vende apartamento de 1 dorm, baño, salon, cocina americana, a estrenar. Precio: 111.000.-€

EN LA MANGA Y CABO DE PALOS disponemos de una amplia cartera de viviendas en alquiler para la temporada de verano así, como para todo el año. Consultenos sin compromiso.

EN CABO DE PALOS se vende apartamento de dos dorm, 1 baño, salon, cocina americana y terraza en buena zona. Precio: 168.000.-€.

EN LA MANGA se vende apartamento de dos dorm, baño, salon, cocina americana y terraza con vistas al mediterraneo. Precio: 145.000.-€.

INMOBILIARIA 2 MARES
Tlf. 968 08 66 30

LA MANGA. Aldea Real. 2 dormitorios, 2 baños, gran terraza, plaza de garaje, excelentes vistas al Mar Menor. Urbanización de lujo con piscina. PVP: 208.000 euros.

PARCELAS. 1ª línea del Mar Menor en la Cala del Pino. **Consultar disponibilidad y precios.**

LA MANGA. Apartamento en 1ª línea del Mar Mediterráneo. 3 dormitorios, 2 baños, piscina. A estrenar. Terraza 108 m². PVP: 210.000 euros.

CASAMANGA
Tlf. 968 563334

PORTMAN. Apartamentos Nueva Construccion en Portman. Dos dormitorios, baño, cocina, salón, garaje y trastero. Pvp: 150.235 €

PORTMAN. OPORTUNIDAD. Dúplex, 3 dormitorios, 2 baños, salón, cocina amueblada, porche y terraza, piscina por sólo 162.000 €

LA MANGA. OCASIÓN. Playa Paraiso. 1º Junto al Mar Menor. 9ª planta. Dos dormitorios, baño, cocina, plaza de garaje, piscina, junto el mar. 130.000 €

PORTMAN. OFERTON. Precioso Apartamento, Un dormitorio, cocina amueblada, terraza-solarium de 58m2, piso de 48m2, baño, piscina, plaza de garaje. 123.000 €

LA MANGA. OPORTUNIDAD. Chalets de nueva construcción en parcela de 600m2, y vivienda de 180m2 construidos desde 465.000 € hata 496.000 €. Entrega en ocho meses.

MONTEMAR VACACIONES
Tlf. 968 153515

...ciones.com

ALAMILLO. Pto. de Mazarrón. Apartamentos de 1 dormitorio amueblados. Piscina y jardines comunitarios. Cerca del mar. Precio: Desde 65.000 €

ISLA PLANA. Lomas del mojón. Parcela de 700 m2. con vistas al mar. Tiene un interesante proyecto y licencia de obras (incluidos en precio). 220.500 €

ISLA PLANA. OCASION. Bahía de Mazarrón, Magnífico chalet de 4 dormitorios, 2 baños, garaje, salón de 60 m2., chimenea, 2 terrazas, cocina completa, Sup. const. 190 m2., parcela de 1.465 m2., pinada. Posibilidad de construir otra vivienda de 200 m2. aprox. Precio: 415.000 €

PTO. MAZARRON. Apartamento de 2 dormitorios en Bahía Real. El Alamillo. Reformado. Planta primera. Terraza de 25 m2. Piscina. Cerca de la playa. Esquina. Precio: 144.000 €

DON VIVIENDA
Tlf. 968 186026
www.donvivienda-golf.com

NUEVA construcción de 4 dúplex de 2 dormitorios y un Chalet con sótano independiente en Villalegria, cocinas amuebladas desde 172.490,47 €

NUEVA promoción de dúplex (detrás del colegio Los Pinos), 4 dormitorios y sótanos de 45 m².

NUEVA promoción de pisos en 2ª línea de mar, en Lo Pagán de 1, 2 y 3 dormitorios desde 150.000 €

NUEVA promoción de pisos muy amplios de 2 y 3 dormitorios, plaza de garaje, trastero y piscina. Detrás de centro Thalasia.

NUEVA promoción en el Centro de San Pedro, 2 y 3 dormitorios, garaje y trastero, desde 150.000 €.

INMOBILIARIA LAS SALINAS
Tlf. 968 18 31 69
es.geocities.com/inmoblassalinas

LO PAGAN. Edificio 1ª línea del mar, 1, 2 y 3 dormitorios desde 165.000 €

LO PAGAN. Bungalow, 2 dormitorios. Precio 144.000 €.

LO PAGAN. Bungalow, 2 dormitorios, con plaza de garaje. Precio 124.000 €.

LO PAGAN. Venta o traspaso, restaurante en 1ª línea del mar, precio a consultar.

LO PAGAN. Apartamentos 1ª línea del mar, con piscina. Precio 192.000 €

LO PAGAN. Triplex 4 dormitorios, 3 baños, amueblado con garaje cerrado. Precio 195.000 €.

LO PAGAN. Alquiler apartamentos en Edif. Aguas Salinas, a partir de un día.

MURCIA COSTA
Tlf. 968 58 28 61

LOS ALCAZARES Urbanización Nuevo Principado. Apartamento seminuevo muy cerca de la playa. Cocina con todos los electrodomésticos. Completamente amueblado. 119.000 €

MIL PALMERAS. Apartamento en 1ª línea de playa. Dos dormitorios. Amueblado. 2º piso con ascensor. Terraza con vistas al mar. Piscina y jardín comunitarios. 159.000 €

LOS ALCAZARES. Urbanización Nuevo Principado. Piso de dos dormitorios. Solarium privado de 45 m. Amueblado. Aire acondicionado. Muy cerca de la playa y zona comercial. Posibilidad de garaje. 138.000 €

TORRE DE LA HORADADA. Apartamento en 1ª planta muy cerca de la playa. Dos dormitorios. Recientemente reformado. Gran terraza. 156.000 €

MARES INMOBILIARIA
Tlf. 968 57 30 20
www.maresinmobiliaria.com

SANTIAGO DE LA RIBERA. Casa en planta baja de 2 dormitorios, baño, salón, cocina, terraza y patio. Amueblada y en muy buen estado. Urbanización privada. 138.000 €

SANTIAGO DE LA RIBERA. Bungalow en planta 1ª de 2 dormitorios, baño, salón, cocina, lavadero, trastero y terraza. Totalmente amueblado. 126.000 €

SANTIAGO DE LA RIBERA. Piso de 2 dormitorios, 1 baño, lavadero, terraza acristalada y aparcamiento privado. Amueblado. 108.000 €

SANTIAGO DE LA RIBERA. Dúplex de 3 dormitorios, 2 baños, patio, porche y solarium. Amueblado, aire acond. Piscina comunitaria. Muy nuevo. Ocasión 160.000 €

INMOBILIARIA CASTELAR
Tlf. 968 18 02 58
info@castelarinmobiliaria.es / www.castelarinmobiliaria.es

SAN PEDRO PINATAR. Nueva promoción, 3 dorm., 2 baños, patio interior de 31 m², plaza de garaje, trastero. ☎ 968 180 258.

EL MOJON (HIGUERICAS). Venta dúplex en primera línea, 3 dormitorios, 2 baños, porche 75 m². R-421.

LO PAGAN. Venta apartamentos a 250 metros del Mar Menor, 2 dormitorios, 2 baños, piscina climatizada y comunitaria, cocina amueblada. R-400.

MAR MENOR. Venta de apartamento a 150 metros del Mar Menor, amueblado y plaza de garaje. R-372.

SANTIAGO DE LA RIBERA. Venta de apartamento, 3 dormitorios, 3 baños, cocina, salón de 35 m² y dos plazas de garaje cerradas a 100 metros del Mar Menor. R-436.

---

jarlicón
PROMOCIONES INMOBILIARIAS

PARA CONTACTAR:
Tlf. 968 84 71 51 - Fax: 968 37 95 43
e-mail: direccioncomercial@jarlicon.com

PARA VISITARNOS: C/ Mayor, 17 - La Alberca

¡¡ULTIMOS DIAS DE LIQUIDACION!!

LA ALBERCA

EDIFICIO ALTAONA (FRENTE A CAMPO DE FUTBOL): ATICO, 3 DORMITORIOS, 2 BAÑOS Y ASEO, GARAJE, TRASTERO, GRAN TERRAZA. PRECIO: 213.000 €

EDIFICIO VISTABELLA: (ENTREGA EN DICIEMBRE). BONITO APARTAMENTO EN PLANTA BAJA CON ENTRADA INDEPENDIENTE Y PATIO. 2 DORMITORIOS, 2 BAÑOS, GARAJE Y TRASTERO. PRECIO: 143.722 €

EDIFICIO VISTABELLA: SOLO QUEDAN 3 VIVIENDAS!!! 1 APARTAMENTO 90 METROS. 2 DORMITORIOS, 2 BAÑOS, SALON 24 METROS, COCINA INDEPENDIENTE, GARAJE, TRASTERO. PRECIO: 150.000 €

1 ATICO 156 METROS. 4 DORMITORIOS, 3 BAÑOS, PINTURA LISA EN 3 COLORES A ELEGIR, PREINSTALACION AIRE ACONDICIONADO, GARAJE, TRASTERO. PRECIO: 227.000 €

1 PISO 3 DORMITORIOS EN ESQUINA, 2 BAÑOS, GARAJE, TRASTERO, PINTURA LISA EN 3 COLORES A ELEGIR, PREINSTALACION AIRE ACONDICIONADO. PRECIO: 153.000 €

SANTIAGO DE LA RIBERA. Dúplex de 3 dormitorios, 2 baños, patio, porche y solarium. EDIFICIO VALLE INCLAN: RECIEN TERMINADO. CHOLLO-APARTAMENTO 2 DORMITORIOS, TERRAZA 22 METROS, COCINA INDEPENDIENTE, PINTURA LISA Y PREINSTALACION DE A/A. PRECIO: 130.000 €

EDIFICIO DOÑA INES: (TERMINADO). 2ª PLANTA EN ESQUINA, 3 DORMITORIOS, 2 BAÑOS, GARAJE Y TRASTERO. PRECIO: 142.523 €

EDIFICIO ALTAONA: APARTAMENTO 2 DORMITORIOS, 2 BAÑOS, GARAJE, TRASTERO, VISTAS. PRECIO: 161.401 €

EDIFICIO MONTESOL (JUNTO A MERCADONA): 3 DORMITORIOS, 2 BAÑOS, GARAJE, PINTURA LISA, PREINSTALACION AIRE ACONDICIONADO. PRECIO: 182.100 €

LOCAL MUY COMERCIAL. ZONA MERCADONA. DIVISIBLE DESDE 50 METROS HASTA 270m. HACE ESQUINA. RECIEN TERMINADO. 2.500 €/m.

* TODOS LOS PRECIOS SON SIN IVA

AYUDAS Y SUBVENCIONES
INFORMATE DE LAS AYUDAS Y SUBVENCIONES DE LAS QUE PUEDES BENEFICIAR CON NUESTRAS VIVIENDAS

V.P.O. TORREAGÜERA SIN SORTEOS

APUNTATE SIN COMPROMISO INDICANDO DORMITORIOS QUE NECESITAS Y ENVIANDO TU NOMBRE, EDAD, Y TELEFONO A NUESTRO EMAIL
direccioncomercial@jarlicon.com

VENTAJAS:
PRESTAMO PROTEGIDO.
FINANCIACION A BAJO INTERÉS.
SUBVENCIONES A FONDO PERDIDO A DESCONTAR DEL PRECIO.
ENTRADA 3.000 € Y MENSUALIDADES DE 300 € DURANTE OBRA.

TODAS CON GARAJE Y TRASTERO INCLUIDOS EN PRECIO.

EJEMPLOS DE VIVIENDAS:
2 DORMITORIOS, PATIO, 62m.
PRECIO: 108.289 €
2 DORMITORIOS, 75m. PRECIO: 109.953 €
3 DORMITORIOS, TERRAZA, 118m.
PRECIO: 148.420 €
3 DORMITORIOS, 110m.
PRECIO: 147.691 €

ADEMÁS, SI RESERVAS ANTES DEL 30/8/08 TE DESCONTAMOS UN 2%

EDIFICIO COLUMBARES

PISOS Y ÁTICOS DE 1 A 3 DORMITORIOS

RESIDENCIAL CON PISCINA Y JARDIN EN LA MEJOR ZONA DE LA ALBERCA

DESDE: 117.757 €

*IVA no incluido

Tejiendo la comprensión

1. ¿Qué anuncio has circulado? ¿Por qué? Apunta lo que te llamó más la atención.
   _____
   _____
   _____

2. Observa la organización de los anuncios para contestar:
   a) ¿Cuál es la primera información que aparece en destaque en los seis anuncios?
   _____

   b) ¿Qué informaciones importantes aparecen en los anuncios para que la persona que se interese entre en contacto?
   _____

   c) Has visto que los anuncios son breves y descriptivos. ¿Por qué no se usan textos más largos y con muchas explicaciones en las páginas de los clasificados de los periódicos?
   _____
   _____

   d) ¿Qué imaginas que representan los siguientes nombres: Cabo de Palos, La Manga, Santiago de la Ribera, Los Alcázares, Portmán y Lo Pagán?
   _____

3. ¿Qué palabras y expresiones marcan que estos inmuebles anunciados son de regiones playeras?
   _____
   _____

> **El español alrededor del mundo**
>
> El vocabulario relativo a la vivienda es muy rico y ancho a lo largo del mundo hispanohablante. La palabra **piso** se usa en España; en Argentina, Chile y México, es más común **departamento**; ya en Uruguay y Venezuela, **apartamento**. La palabra **alquilar** es común en España, Argentina, Uruguay y Venezuela; en Chile, se usa **arrendar**; en México, **rentar**.

Vocabulario en contexto

1. En los anuncios clasificados, aparecen algunas partes de la casa. Entresaca por lo menos cinco:
   _____

2. En la inmobiliaria Casamanga, los apartamentos en Portmán tienen trastero. Esa palabra deriva de **trastos**, o sea, de aquellos objetos y cosas que no se usan más. Sabiendo eso, ¿qué parte de la casa es el trastero?
   _____

3. En los anuncios de venta de inmuebles, se describen las partes de la casa o del piso. ¿Sabes cuáles son? Mira el dibujo en la página siguiente y nómbralas con las palabras a continuación:

   cocina – salón – pasillo – baño – dormitorio – escalera

Gramática en uso

Adjetivos

1. Lee otro anuncio y fíjate en las palabras subrayadas.
   a) ¿Por qué en los clasificados hay muchos adjetivos?
   _____
   _____

   b) ¿Por qué el adjetivo **amplias** está en femenino y en plural?
   _____
   _____

   c) En el caso de los adjetivos **increíbles** y **excelentes**, ¿se puede afirmar que se usan solo con palabras femeninas? Para contestar, puedes buscar sustantivos masculinos para caracterizarlos con esos adjetivos.
   _____
   _____
   _____

   Sacado de: <www.docstoc.com/docs/3256265/Domingo-de-noviembre-ANUNCIOS-CLASIFICADOS-S%C3%A1bado-de-noviembre-ANUNCIOS-CLASIFICADOS>. Acceso el 4 de febrero de 2012.

NUEVA PROMOCIÓN

CALLE REAL

AMPLIAS VIVIENDAS Y ÁTICOS, CON PLAZA DE GARAJE Y TRASTERO. INCREÍBLES VISTAS CON LAS EXCELENTES CALIDADES QUE NOS CARACTERIZAN

cincuenta y cinco 55

Los adjetivos, según el género, se clasifican en masculino y femenino.
Para pasar al femenino basta:
- sustituir la **-o** por la **-a** cuando el adjetivo masculino termina con la **-o**:

> alt**o** – alt**a**   bonit**o** – bonit**a**

- añadir una **-a** a los adjetivos que terminan en **-án**; **-ín**, **-ón**, **-or**.

¡**Ojo!** Al pasar al femenino, se pierde la tilde.

> holgaz**án** – holgaz**ana**   pequeñ**ín** – pequeñ**ina**   pobret**ón** – pobret**ona**   trabajad**or** – trabajad**ora**

Algunos adjetivos son invariables en género:

> feliz – verde – pobre – simple – noble – gentil – fácil

2. Vuelve a los clasificados de la sección "Lectura" y contesta:

a) En Cabo de Palos, ¿qué adjetivo se usa para valorar la zona? _____

b) En Santiago de la Ribera, ¿qué adjetivo se usa para valorar el estado de la casa? _____

Como has visto, **zona** es una palabra **femenina**; **estado** es una palabra **masculina**.
Pero observa el siguiente orden de los adjetivos **bueno** y **buena** a continuación:

> buena zona – zona buena   buen estado – estado bueno

Como puedes notar, el adjetivo **bueno** pierde la **-o** final cuando aparece antes del sustantivo masculino singular. Lo mismo ocurre con el adjetivo **malo**:

> mala niña – niña mala   mal niño – niño malo

Ahora, fíjate en el uso del adjetivo **grande**. Tanto para palabras masculinas como para femeninas hay apócope, es decir, se pierden sílabas o letras finales cuando **grande** antecede substantivos masculinos o femeninos singulares.

Adjetivo	Apócope	Ejemplo
grande	gran	Eres un gran hombre. Eres una gran mujer.

Véase también el **objeto educacional digital** "La Gran decisión".

3. Completa el siguiente anuncio con los adjetivos que faltan y que constan del recuadro:

> excelentes – tranquilo – buen – gran – bueno – grandes
> precioso – exclusiva – seguro – verde – espaciosa – hermosos

_____ piso en área _____, en _____ condiciones, cerca de todo, ubicado en barrio _____, _____ y _____. _____ cocina, _____ salón, dos baños _____ y dos dormitorios _____.

Zona _____. _____ precio.

Escritura

Conociendo el género

Género textual	• Clasificados
Objetivo de escritura	• Escribir un anuncio de alquiler de un piso.
Tema	• Búsqueda de un piso.
Tipo de producción	• En parejas
Lectores	• Dueños de pisos para alquilar

En la lectura, has aprendido algunas características de los clasificados: se describe la estructura, localización y características del inmueble; se anuncia, a veces, el valor y la forma de pago; se informa el contacto con el anunciante.

1. ¡A aprender más! Lee el anuncio de alquileres ofrecidos en la capital de Paraguay, Asunción:

   Diario *La Última Hora*, Asunción, 27 de abril de 2011. Clasificados, p. 10. año XXXVIII, n. 12 835.

2. Observa la fuente de esos clasificados y rellena la tabla a continuación:

Ubicación en el tiempo (Fecha de publicación del periódico)	_____
Ubicación en el espacio (Local de distribución y circulación del periódico)	_____

3. Has visto que, en los clasificados, espacio es dinero. En los anuncios es frecuente el uso de algunas abreviaturas. Intenta relacionarlas a su palabra correcta:

   a) dpto.   b) dorm.   c) coc.   d) com.   e) ofic.
   f) mod.   g) amob.   h) tended.   i) estac.   j) v.t.
   k) tr.   l) p/   m) s/   n) c/

   (   ) tratar   (   ) con   (   ) modular
   (   ) estacionamiento   (   ) oficina   (   ) amoblado
   (   ) para   (   ) comedor   (   ) tendedero
   (   ) ventilador de techo (   ) sobre   (   ) cocina
   (   ) departamento   (   ) dormitorio

Planeando las ideas

Imagina que vas a vivir en Santiago de Chile con tu amigo(a) y están buscando un piso para alquilar. Van a tener que escribir un clasificado de busca. Pero antes ¡a planear las ideas!

1. ¿Dónde debe estar ubicado el piso?
2. ¿Cuántos dormitorios necesitan?
3. Y ¿qué otras habitaciones debe tener el piso?

   ( ) cocina grande   ( ) cocina pequeña con comedor
   ( ) salón   ( ) comedor independiente
   ( ) habitación con baño   ( ) baño para visitas
   ( ) oficina   ( ) garaje

4. Necesitan que el piso ya esté amueblado. Piensen en qué muebles van a querer en él.

Taller de escritura

En parejas, ¡a redactar el anuncio para la prensa!

¡BUSCO PISO!
_____
_____
_____
_____
_____
_____
_____
_____
_____

¡Ojo!

No se olviden de inventar los contactos. Pueden utilizar abreviaciones para ahorrar espacio.

(Re)escritura

Vuelve a tu anuncio y checa si está bien redactado, comprensible, con los datos correctos y claros.

A quien no lo sepa

En los clasificados, cuando aparece la expresión "horas de oficina" tras el número de teléfono, significa que solo se encontrará la persona que anunció el producto en el horario de trabajo, o sea, cuando ella está en su oficina.

Habla

Lluvia de ideas

> **Género textual**
> - Charla entre amigos
>
> **Objetivo de habla**
> - Hablar sobre la habitación.
>
> **Tema**
> - Habitación de los adolescentes
>
> **Tipo de producción**
> - En parejas
>
> **Oyentes**
> - El compañero que se sienta al lado.

1. Vas a debatir ideas sobre la cuestión de la ordenación del espacio propio y de la individualidad.

   a) ¿Tienes una habitación solo para ti o la compartes con algún pariente? ¿Con quién(es)?
   _____
   _____

   b) En tu casa, ¿hay reglas para la organización de los espacios?
   _____
   _____

2. Lee el artículo a continuación y después contesta a las preguntas.

¡Cuando reina el desorden!

Artículo publicado el día 19/12/2009

¿Por qué los hijos adolescentes son tan desordenados? ¿Por qué se encierran en la habitación como si fuera una fortaleza inexpugnable?, se preguntan los padres. El desorden en casa es reflejo del desorden interior del adolescente.

La habitación de un adolescente es mucho más que la decoración radical, las fotos y los recuerdos. Es un símbolo de la evolución de la identidad del joven. Y es de esperar que el adolescente sea desordenado porque está cambiando y su mundo se va estructurando desde lo interior a lo exterior.

Si los adolescentes no pueden ordenar su mundo interior porque viven en una etapa de muchos cambios en su desarrollo y en sus relaciones personales, tampoco pueden organizar su habitación.

Los padres tienen que comprender este proceso y tener paciencia porque el adolescente necesita tiempo [para] poner orden en su mundo interno. Luego, lo reflejará en el mundo que lo rodea, en especial, su habitación, que pasa a ser una extensión de sí mismo.

Un buen consejo… es mejor que el adolescente sea el responsable de ordenar su habitación, ya que las cosas que valora el joven no son las mismas que para los padres. Hay que dar al hijo la responsabilidad de limpiar su cuarto y buscar que la cumpla con su obligación, entendiendo que esa limpieza es una forma de mantener a salvo sus tesoros. Los padres tienen el derecho y la responsabilidad de establecer reglas con respecto a su casa y otras posesiones. Las elecciones de un adolescente pueden ser toleradas dentro de su propia habitación, pero no deben ser impuestas al resto de la casa.

Sacado de: <www.revistainteractiva.com.ar/2009/12/cuando-reina-el-desorden/>. Acceso el 23 de febrero de 2012.

---

a) Según la revista que publicó el artículo, ¿por qué los adolescentes son tan desordenados?
_____
_____

b) ¿Estás de acuerdo con el consejo de la revista? ¿Es mejor que tú seas el responsable de ordenar la habitación? Justifica.
___
___

3. Abajo está la habitación de un adolescente. Fíjate en los objetos que aparecen en ella y toma nota: ¿cuáles son?

___
___
___

Rueda viva: comunicándose

Ahora, charla con tu compañero de al lado sobre las siguientes cuestiones:

1. ¿Te gusta tu habitación? ¿Por qué?
2. ¿La divides con alguien? En caso afirmativo, ¿con quién?
3. ¿Te gusta ordenar tu dormitorio? ¿Por qué?
4. En tu opinión, ¿se encuentra ordenada la habitación de la foto?
5. ¿Qué objetos de esa habitación hay en común con la tuya?
6. ¿Qué cosas te gustaría tener en tu habitación?
7. ¿Crees qué es importante que uno tenga su propio espacio en la casa?

¡A concluir!

El compañero de conversa y tú van a hacer un juego de imaginación y descripción. Piensa con detalles en cómo sería la habitación ideal y descríbela oralmente. Ahora, imagina una habitación que a nadie le gustaría tener y también descríbela. Por fin, pasa la vez al compañero y él describirá lo que imaginó en los dos casos: ¿hay puntos comunes y discordantes? ¿Cuáles?

Escucha

¿Qué voy a escuchar?

¿Qué tipos de casas existen en el mundo? ¿Cuántas conoces tú? Cita por lo menos dos tipos de casa que se relacionan con diferentes culturas.

Género textual
- Reportaje

Objetivo de escucha
- Apuntar los tipos de viviendas.

Tema
- Las casas por el mundo

Vocabulario en contexto

En la web <http://listas.20minutos.es/lista/casas-raras-del-mundo-6629/> (acesso el 4 de febrero de 2012) se encuentra el top 10 con las chocitas más extrañas que se ven por el mundo y que son verdaderas maravillas arquitectónicas.

1. Bajo cada una de las casas, intenta darles un nombre. Observa las imágenes que forman. ¡A ver quién va a acertar más!

2. ¿Cuál es la más impactante? ¡Vota a tus favoritas! Luego, apura los resultados de la clase.
   Primer lugar: _____
   Segundo lugar: _____
   Tercer lugar: _____

sesenta y uno 61

Escuchando la diversidad de voces

🎧 **6** Ahora vas a escuchar un reportaje sobre el trabajo que han realizado unos niños de un colegio sobre los tipos de vivienda. Apúntalos junto a la imagen a que le corresponde.

Comprendiendo la voz del otro

1. Según la periodista, ¿por qué se debe saber los tipos de vivienda que existen en el mundo?
   _____

2. ¿Qué nivel de enseñanza cursan los niños del reportaje?
   _____

3. ¿Qué materiales los alumnos utilizaron para fabricar los tipos de viviendas que aparecen en la muestra?
   _____

4. Si tuvieras que hacer una maqueta de una vivienda, ¿cuál te gustaría hacer?
   _____

5. ¡A preparar la maqueta de una casa "extraña"! En grupos, van a presentarle a la clase qué han creado. Pero para presentársela, es necesario aprender a usar los pronombres demostrativos. ¡A estudiarlos!

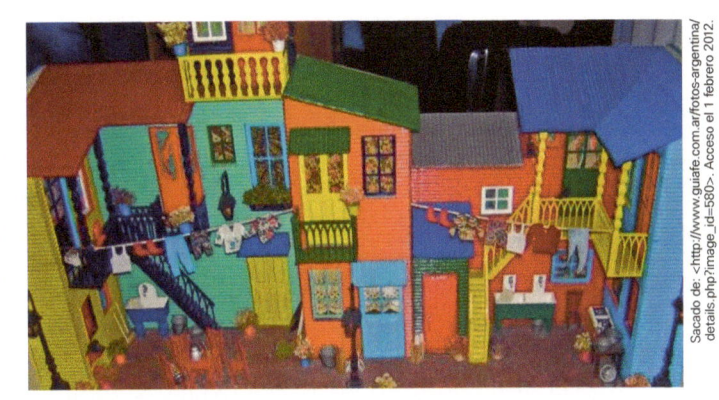

Sacado de: <http://www.guiafe.com.ar/fotos-argentina/details.php?image_id=580>. Acceso el 1 febrero 2012.

Maqueta del Caminito, barrio famoso de Buenos Aires, Argentina.

Gramática en uso

Los demostrativos

Véase también el **objeto educacional digital** "Organizando el cuarto".

Los demostrativos son palabras variables que sitúan un ser en el tiempo y en el espacio. Estudia la siguiente tabla para la presentación oral sobre la construcción de la casa de tu grupo.

Clases de demostrativos	Se refieren a personas o cosas…	Se refieren a lugares…	Se refieren a tiempos…
este, esta, estos, estas, esto	Que están cerca del que habla: *Este* libro que estoy leyendo estaba en la estantería de tu sala.	El lugar donde está el que habla: *Esta* casa en la que vivo hoy es muy antigua.	Presente: *Este* año iré a Roma para conocer sus maravillosas construcciones.
ese, esa, esos, esas, eso	Cercanas al interlocutor, a la persona con la que se habla: Observa *ese* árbol que tocas: es muy grande, ¿no?	Un lugar donde no está el que habla y cercano al interlocutor: Me gusta *ese* jardín de la casa de tu abuela.	Pasado o futuro: Construyeron mi casa en 1999. Pedro nació *ese* año.
aquel, aquella, aquellos, aquellas, aquello	Lejanas tanto del que habla cuanto del interlocutor: *Aquella* casa es la de mi primo.	Lugares lejanos o que no se recuerdan bien: Nos gustaba *aquel* paisaje de la estancia.	Pasado considerado distante por el hablante: Me encanta *aquella* época llena de aventuras y enormes castillos.

Oído perspicaz: el español suena de maneras diferentes

Acentuación de palabras agudas

1. 🎧 7 En los siguientes enunciados sacados del reportaje sobre las casas están subrayadas algunas palabras. Escúchalas y circula la sílaba tónica.

   1. "Vamos ahora con una información sobre la creatividad…"
   2. "Los niños y niñas de educación infantil en el colegio…"
   3. "Además, en cada clase hay una entrada singular…"
   4. "En una de las habitaciones se ha optado por la entrada iglú, en otra por cabaña india y en esa última por la tradicional…"

   Completa la regla:

   Todas las sílabas circuladas ocupan, en cada palabra, la _____ posición. Son palabras _____ .

   Si observas con atención, no todas las palabras agudas llevan acento ortográfico (´), ¿no es verdad?

2. Basándote en los cuatro enunciados de la actividad 1, responde:

   a) ¿Cuáles de las palabras subrayadas llevan acento ortográfico?
   _____
   _____
   _____

   b) ¿Cuáles de las palabras subrayadas no llevan acento ortográfico?
   _____
   _____
   _____

> **Regla**
> Se escribirá acento ortográfico (tilde) sobre las palabras agudas terminadas en **vocal**, en **-n** o en **-s**.

3. Lee en voz alta las siguientes palabras y acentúa las agudas que llevan tilde:

   a) habitacion
   b) hogar
   c) television
   d) jardin
   e) vender
   f) fogon
   g) sofa
   h) arreglar
   i) iglu
   j) chales

CULTURAS EN DIÁLOGO

nuestra cercanía

Lee este texto sobre algunos tipos de viviendas que se encuentran en diferentes épocas y culturas.

Tipos de casas en el mundo

Casas botes

Las casas botes se hacen de paja, madera, acero, aluminio o de una combinación de madera y fibra de vidrio y pueden medir en longitud de 18 a 65 pies. Se construyen para ser fuertes, seguras y permanecer en el agua todo el año. Alguna gente en los EE.UU. vive en casas botes. En China y Japón la gente que vive en casas botes son generalmente familias extensas. Las casas botes en China se llaman *sampans*.

Castillos

Los primeros castillos fueron hechos de madera pero los enemigos los quemaban así que los construyeron con otros materiales como piedra arenisca, ladrillo, piedra caliza y roca. Algunos castillos habían emparedado barreras alrededor de ellos como en la Roma antigua y algunos castillos tenían fosas. Fueron construidos de esa manera para mantener los enemigos afuera, para guardar lugares importantes y proteger a su familia. La mayoría de los castillos tenían prisiones para la gente que desobedecía la ley. La gente que vivía en castillos eran reyes y reinas que vivieron allí todo el tiempo, príncipes y princesas, barones y señores feudales, criadas que servían al príncipe, a la princesa, al rey y la reina, cocineros para cocinar los alimentos para la familia y los guardias que se ocupaban del castillo completo. El tipo de comunidad que utilizó castillos en épocas medievales era la gente rica que los utilizaban como fortalezas.

Iglúes (Igloos)

Los iglúes se hacen de nieve, césped, tierra y piedra. Los bloques tienen de 60 a 90 centímetros de largo y de 30 a 60 centímetros de ancho. Los bloques están en forma de rectángulo. Dentro de un iglú hay una plataforma en la cual los esquimales duermen. Un iglú se hace de esta manera porque es la única cosa que tienen para construir. Los esquimales tienen casas de verano que se construyen con pieles animales. Alguna gente esquimal vive solamente en el iglú por una temporada. Los iglúes tienen una salida de aire en la tapa así que el humo puede salir. La gente que vive en iglúes son comunidades esquimales y sus perros.

Casas de stilt

La casa de stilt se construye a menudo por fuera de paja, cuerda, madera o alambre. Se construyen en el agua porque no hubo bastante sitio en tierra, y está más fresca en el agua que en tierra. La gente vive en casas de stilt por todo el mundo. La comunidad podría ser una familia grande y las casas se encuentran a menudo en Asia Sur-Oriental.

CULTURAS EN DIÁLOGO

Casas de ladrillo

A partir del siglo XVI se generaliza el uso de ladrillos de barro cocido para edificar casas en el norte de Europa. Surgen las primeras mansiones señoriales europeas. En el siglo XVIII, en muchas ciudades europeas y americanas, se erigen edificios de estilos "elegantes" para la nueva burguesía.

Infraviviendas

A principios del siglo XIX las ciudades están colmadas de trabajadores que emigran del campo para buscar trabajo en las fábricas. Habitan en los "barrios bajos", hacinados, en condiciones insalubres, la mayoría en la total miseria. Algunos historiadores consideran la Red House de Philip Webb (1859) el primer diseño de "casa moderna". A finales del siglo XIX surgen los primeros barrios residenciales, bloques de pisos de los estilos eclécticos, los chalés y las ciudades jardín para la burguesía.

Los rascacielos

A principios del siglo XX se diseñan y erigen rascacielos de acero, cristal y hormigón, con nuevas técnicas, para viviendas y oficinas, en EE.UU. Serán imitados, más adelante, por los demás países.

Sacado de: <www.recursos-tic.org/proyecto/index.php?option=com_content&view=article&id=553:tipos-de-casas-en-el-mundo-1&catid=85:historia-de-la-geografia&Itemid=117>; <...664:tipos-de-casas-en-el-mundo-2&cotid=85:historia-de-la-geografia&Itemid=117>.Acceso el 4 de febrero de 2012.

1. Organiza las casas que aparecen en el texto por países, culturas o épocas. Fíjate que hay informaciones que no se mencionan directamente en los textos, pero que ya están rellenadas en el recuadro.

Tipos de vivienda	Países/Regiones	Cultura(s)/Época(s)
Casas botes		Occidental y Oriental
Castillos		
Iglúes	Zonas de frío intenso (Ártico, Alasca)	Esquimal (pueblos indígenas que habitan el Círculo Polar Ártico)
Casa de stilt		Sociedades que viven cerca del agua
Casas de ladrillo		
Infravivienda		
Rascacielos		

2. ¿Qué tipo te parece más común? ¿Cuál te suena más raro? ¿Qué casas te gustaría conocer? ¿En cuál de ellas te gustaría vivir?

¿LO SÉ TODO? (AUTOEVALUACIÓN)

Lectura	¿He leído alguna vez algún anuncio de venta de inmuebles?	¿Qué hago para marcar los clasificados que me interesan?	¿Buscaría yo un piso en la playa?
Escritura	¿Sé escribir un anuncio clasificado?	¿Cuáles son las características que debo llevar en cuenta a la hora de publicar mi anuncio?	¿Qué abreviaturas de anuncios conozco?
Escucha	¿Sobre qué tipos de casa habla el reportaje?	¿Haría un reportaje sobre los tipos de casa?	¿Identifico la sílaba tónica de las palabras agudas?
Habla	¿Cómo es mi habitación?	¿Soy ordenado y organizado?	¿Sé cómo se pronuncian las palabras agudas?
Gramática	¿Qué es apócope?	¿Sé usar los adjetivos en los anuncios?	¿Uso bien los pronombres demostrativos?
Vocabulario	¿Qué tipos de casa he conocido aquí?	¿Qué objetos y muebles están presentes en las habitaciones?	¿Qué partes de la casa sé decir en español?
Cultura	¿De qué manera un tipo de vivienda refleja la cultura de un pueblo?	¿Qué tipos de vivienda conozco?	¿Qué tipo de casa me impresionó más?
Reflexión	¿Ayudo a mi familia en la organización de mi habitación?	¿Respeto las reglas de mi casa en cuanto a la organización de las cosas?	¿Soy un(a) buen(a) hijo(a)?

GLOSARIO VISUAL

Palabras en contexto

¿Cuál(es) de las casas extrañas te ha(n) gustado? Observa lo que dicen esos adolescentes:

Me encantó la casa casco. Es que soy aficionado a carreras automovilísticas. Si tuviera dinero, haría una casa coche.

La casa top para mí es la casa piano. Ya me imaginé dentro de ella. Los armarios de mi habitación serían en formato de guitarra, mi cama sería una caja de sonidos…

Pues la más interesante es la casa bota. ¡Imaginen! Mi habitación sería en formato de calzados.

Palabras en imágenes

ladrillo — paja — casco — olla

4 Literatura y cultura: aventurarse, entretenerse y...

En esta unidad...

... hablaremos sobre la literatura y conoceremos a un personaje de novelas infantojuveniles muy famoso en España y a otro muy famoso en Brasil. Además, aprenderemos algunas expresiones y dichos populares. Al final podremos contestar a las preguntas: ¿Leo por placer? ¿Qué tipo de libros me gusta leer?

¡Para empezar!

1. Observa las imágenes de al lado. ¿A qué te remiten?

2. ¿Te gusta leer? ¿Qué tipo de libros? Completa la tabla con tus preferencias:

Prefiero historias de:	( ) amor ( ) aventura	( ) terror ( ) policía
Leo más por:	( ) placer	( ) obligación
Me gusta leer en:	( ) la biblioteca ( ) las vacaciones	( ) mi casa ( ) la plaza

3. ¿Qué libro es para ti inolvidable?

4. Muchas personas afirman que un libro nos puede llevar a otro mundo. ¿Estás de acuerdo? Explícalo.

Transversalidad

Aquí el tema transversal es la pluralidad cultural a partir de la novela *Manolito Gafotas*, de Elvira Lindo.

Género textual
- Novela juvenil

Objetivo de lectura
- Conocer a Manolito Gafotas.

Tema
- Literatura

Lectura

Almacén de ideas

1. ¿Qué libros de literatura ya leíste? ¿Te acuerdas de los nombres? Habla entre todos para ver quiénes son "amantes" de la literatura.

2. Observa la portada del libro *Manolito Gafotas*:

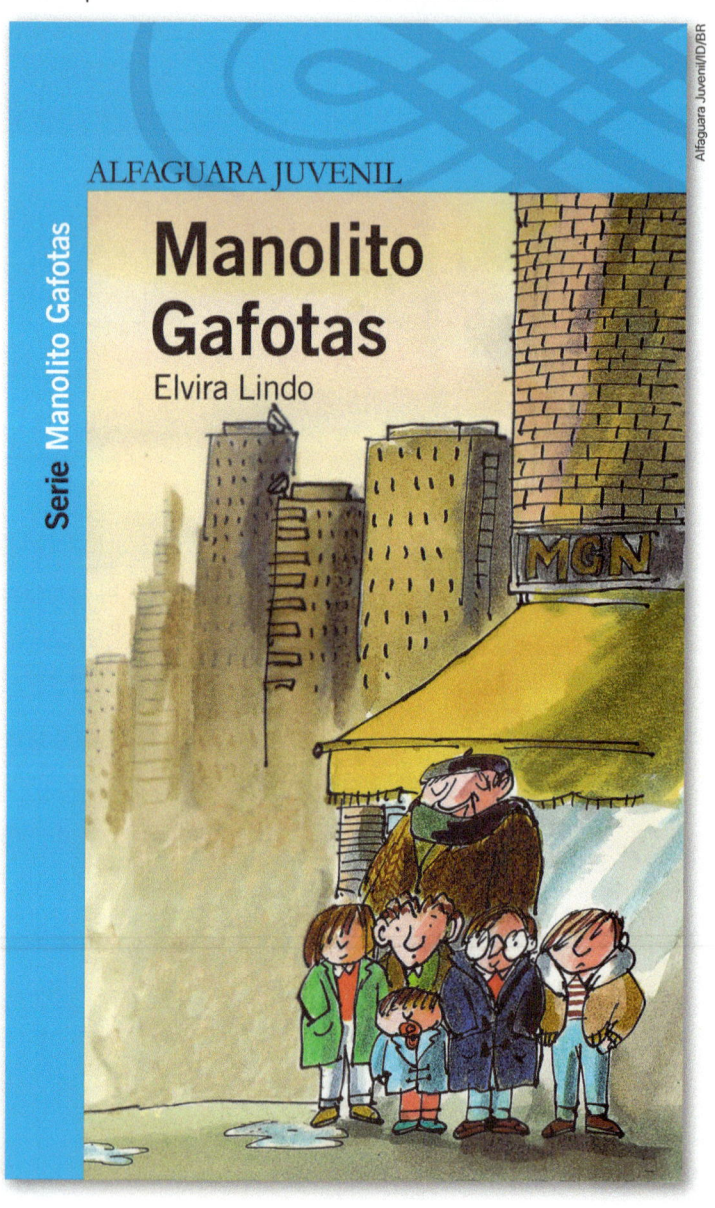

A quien no lo sepa

Manolito Gafotas es el primer libro de una serie de siete. La autora es la española Elvira Lindo, que tiene una columna periodística en el diario *El País*. La obra surgió a partir de uno de sus personajes radiofónicos, interpretados por la misma escritora en la radio.

El español alrededor del mundo

En la mayor parte de América se prefieren los términos **lentes** o **anteojos**. En las islas del Caribe se usa también la voz **espejuelos**. En España, **gafas**.

a) ¿Qué puede significar **gafotas**? Para ayudarte, busca en el diccionario qué significa la palabra **gafas**.
_____
_____

b) ¿Qué esperas leer en un libro que tenga ese título y esa portada?
_____
_____

Red (con)textual

Lee al primer capítulo de *Manolito Gafotas* y subraya las palabras y expresiones que desconoces.

El último mono

Me llamo Manolito García Moreno, pero si tú entras a mi barrio y le preguntas al primer tío que pase:

— Oiga, por favor, ¿Manolito García Moreno?

El tío, una de dos, o se encoge de hombros o te suelta:

— Oiga, y a mí qué me cuenta.

Porque por Manolito García Moreno no me conoce ni el Orejones López, que es mi mejor amigo, aunque algunas veces sea un cochino y un traidor y otras, un cochino traidor, así, todo junto y con todas sus letras, pero es mi mejor amigo y mola un pegote.

En Carabanchel, que es mi barrio, por si no te lo había dicho, todo el mundo me conoce por Manolito Gafotas. Todo el mundo que me conoce, claro. Los que no me conocen no saben ni que llevo gafas desde que tenía cinco años. Ahora, que ellos se lo pierden.

Me pusieron Manolito por el camión de mi padre y al camión le pusieron Manolito por mi padre, que se llama Manolo. A mi padre le pusieron Manolo por su padre, y así hasta el principio de los tiempos. O sea, que por si no lo sabe Steven Spielberg, el primer dinosaurio *Velociraptor* se llamaba Manolo, y así hasta nuestros días. Hasta el último Manolito García, que soy yo, el último mono. Así es como me llama mi madre en algunos momentos cruciales, y no me llama así porque sea una investigadora de los orígenes de la humanidad. Me llama así cuando está a punto de soltarme una galleta o colleja. A mí me fastidia que me llame el último mono, y a ella le fastidia que en el barrio me llamen el Gafotas. Está visto que nos fastidian cosas distintas, aunque seamos de la misma familia.

A mí me gusta que me llamen Gafotas. En mi colegio, que es el "Diego Velázquez", todo el mundo que es un poco importante tiene un mote. Antes de tener un mote yo lloraba bastante. Cuando un chulito se metía conmigo en el recreo, siempre acababa insultándome y llamándome cuatro-ojos o gafotas. Desde que soy Manolito Gafotas, insultarme es una pérdida de tiempo. Bueno, también me pueden llamar Cabezón, pero eso de momento no se les ha ocurrido y desde luego yo no pienso dar pistas. Lo mismo le pasaba a mi amigo el Orejones López; desde que tiene su mote, ahora ya nadie se mete con sus orejas.

Hubo un día que discutimos a patadas cuando volvíamos del colegio porque él decía que prefería sus orejas a mis gafas de culo de vaso y yo le decía que prefería mis gafas a sus orejas de culo de mono. Eso de culo de mono no le gustó nada, pero es verdad. Cuando hace frío, las orejas se le ponen del mismo color que el culo de los monos del zoo; eso está demostrado ante notario. La madre del Orejones le ha dicho que no se preocupe porque, de mayor, las orejas se encogen, y si no se encogen, te las corta un cirujano y santas pascuas.

La madre del Orejones mola un pegote porque está divorciada y, como se siente culpable, nunca le levanta la mano al Orejones para que no se le haga más grande el trauma que le está curando la señorita Esperanza, que es la psicóloga de mi colegio. Mi madre tampoco quiere que me coja traumas pero, como no está divorciada, me da de vez en cuando una colleja, que es su especialidad.

La colleja es una torta que te da una madre, o en su defecto cualquiera, en esa parte del cuerpo humano que se llama nuca. No es porque sea mi madre, pero la verdad es que es una experta como hay pocas. A mi abuelo no le gusta que mi madre me dé collejas y siempre le dice: "Si le vas a pegar, dale un poco más abajo, mujer, no le des en la cabeza, que está estudiando".

Mi abuelo mola, mola mucho, mola un pegote. Hace tres años se vino del pueblo y mi madre cerró la terraza con aluminio visto y puso un sofá cama para que durmiéramos mi abuelo y yo. Todas las noches le saco la cama. Es un rollo mortal sacarle la cama, pero me aguanto muy contento porque luego siempre me da veinticinco pesetas en una moneda para mi cerdo — no es un cerdo de verdad, es una hucha — y me estoy haciendo inmensamente rico.

Hay veces que me llama el príncipe heredero porque dice que todo lo que tiene ahorrado de su pensión será para mí. A mi madre no le gusta que hablemos de la muerte, pero el abuelo dice que, en los cinco años de vida que le quedan, piensa hablar de lo que le dé la gana. [...]

Elvira Lindo. *Manolito Gafotas*. Madrid: Alfaguara, 2003. p. 7-10.

> **El español alrededor del mundo**
>
> **Culo de vaso**: esta expresión equivale, en América, a "fondo de botella". A los lentes (o vidrios de las gafas) muy gruesos se les llama, coloquialmente, de "fondo de botella" o "culo de vaso".

Tejiendo la comprensión

1. ¿Qué palabras has subrayado mientras leías el texto? ¡A ver si son las mismas que ha marcado tu compañero! Con tu pareja, resuelve las dudas de vocabulario. Búscalas en el diccionario y pregúntaselas a tu profesor(a).
   _____
   _____
   _____

2. Se puede afirmar que la narrativa de Manolito Gafotas simula la autobiografía. ¿Por qué?
   _____
   _____

3. La expresión "el último mono" significa tanto ser una persona mala, la peor de todas, como alguien sin importancia, que no sirve para nada. ¿Por qué ese capítulo se titula "El último mono"?
   _____
   _____

4. La expresión "mola un pegote" aparece algunas veces en el texto. Por el contexto, ¿qué significa?
   _____

5. ¿Cómo es la relación de Manolito con su abuelo? ¿Y con su madre?
   _____
   _____

6. ¿Quién es Steven Spielberg? ¿Por qué Manolito lo cita al hablar sobre el dinosaurio *Velociraptor*?
   _____
   _____
   _____

> **A quien no lo sepa**
>
> Los motes "Orejones" y "Gafotas", cuando dichos repetidamente, pueden entenderse como una agresión moral. Estas ofensas verbales que ocurren en la escuela, o los maltratos físicos, son conocidos como el **acoso escolar**. Actitudes como esas son muy graves y se debe no solo evitarlas sino combatirlas.

7. Marca verdadero (V) o falso (F) en esas afirmaciones sobre el texto y justifica las que indiques como falsas.
   ( ) La historia ocurre en España, en un barrio llamado Carabanchel.
   Justificación: _____
   ( ) El personaje principal tiene el apellido de Gafotas.
   Justificación: _____
   ( ) El abuelo de Manolito es muy aburrido.
   Justificación: _____
   ( ) El amigo de Manolito tiene el mote de Orejones.
   Justificación: _____

Vocabulario en contexto

1. En español, hay varias expresiones lingüísticas con la palabra **mono**, unas tienen un significado positivo y otras, negativo. ¿Sabes qué animal es el mono? Echa un vistazo y traduce libremente la palabra **mono**.

   Mono en portugués significa "_____".

   Luego, relaciona estas otras expresiones con **mono** a sus significados:

   a) Aunque la mona se vista de seda, mona se queda.
   b) Dormir la mona.
   c) Hacer el mono.
   d) Pintar la mona.
   e) Ser una monada o ser muy mono.
   f) Tener el mono.

   ( ) Hacer tonterías, portarse de forma irracional.
   ( ) Fingir hacer algo cuando en verdad no se hace nada.
   ( ) No conseguir esconder o disfrazar las cosas como son.
   ( ) Tener muchas ganas de algo.
   ( ) Dormir profundamente.
   ( ) Ser muy guapo, muy bonito.

2. El amigo de Manolito tiene un apodo. ¿Cuál es? ¿Por qué le han dado ese apodo?
   _____

3. En lengua española, también hay algunos dichos y refranes populares con la palabra **oreja**. Relaciónalos a sus significados:

   a) Echar a uno la pulga detrás de la oreja.
   b) A capa vieja no le dan oreja.
   c) A burro desconocido, no le toques la oreja.
   d) Hacerse el de la oreja mocha.

   ( ) Si no conoces algo o alguien, ten cuidado.
   ( ) Decirle a uno algo que le inquiete.
   ( ) Fingir que no sabe; hacerse de desentendido.
   ( ) A los pobres y viejos no les atienden.

Gramática en uso

Aumentativos y diminutivos

1. El narrador de la novela de Elvira Lindo es Manolito Gafotas, que es también personaje principal. Pon atención a ese nombre:

   > Manol**ito** Gafotas

   ¿Crees que el sufijo **-ito** en Manolito es un aumentativo o un diminutivo? ¿Por qué?
   _____

   > Los **sufijos diminutivos** expresan menor tamaño o dan valor afectivo a la palabra a la que se unen.
   > Ejemplos de **sufijos diminutivos**: **-ito**, **-illo**, **-ico**.

2. El apodo Manolito se forma a partir del nombre Manolo. O sea, se saca la **-o** y se añade el sufijo **-ito**. Relee el texto y busca otra palabra que se formó con el diminutivo **-ito**.

   a) ¿Qué palabra es? _____

   b) ¿De qué palabra deriva? ¿Cuál es su significado?
   _____

   ¡A pensar! ¿Crees que la palabra **chulito** en el contexto del texto expresa un valor afectivo?
   _____

   > Dependiendo del contexto, los **sufijos diminutivos** pueden expresar ideas peyorativas, o sea, deprecian el vocablo al que se une.

3. Relee el siguiente pasaje de la novela y fíjate en las palabras en destaque:

   > Desde que soy Manolito Gafotas, insultarme es una pérdida de tiempo. Bueno, también me pueden llamar **Cabezón**, pero eso de momento no se les ha ocurrido y desde luego yo no pienso dar pistas. Lo mismo le pasaba a mi amigo el **Orejones** López; desde que tiene su mote, ahora ya nadie se mete con sus orejas.

   a) ¿De qué palabras se originan los apodos **Cabezón** y **Orejones**?
   _____

   b) ¿Por qué crees que a Manolito podrían llamarle también **Cabezón**? ¿Por qué su amigo tiene el mote **Orejones**?
   _____

   c) ¿Crees que los sufijos **-ón** (singular) y **-ones** (plural) son aumentativos o diminutivos?
   _____
   _____

   > Los **sufijos aumentativos** expresan mayor tamaño y denotan aumento de magnitud.
   > Ejemplos de **sufijos aumentativos**: **-azo**, **-ón**

Escritura

Conociendo el género

Vas a escribir un pequeño comentario sobre el primer capítulo de la novela de Elvira Lindo. Pero antes, a leer algunos comentarios que escribieron sus lectores en un sitio electrónico de venta de libros. Son comentarios de lectores comunes, esto es, críticos no especialistas.

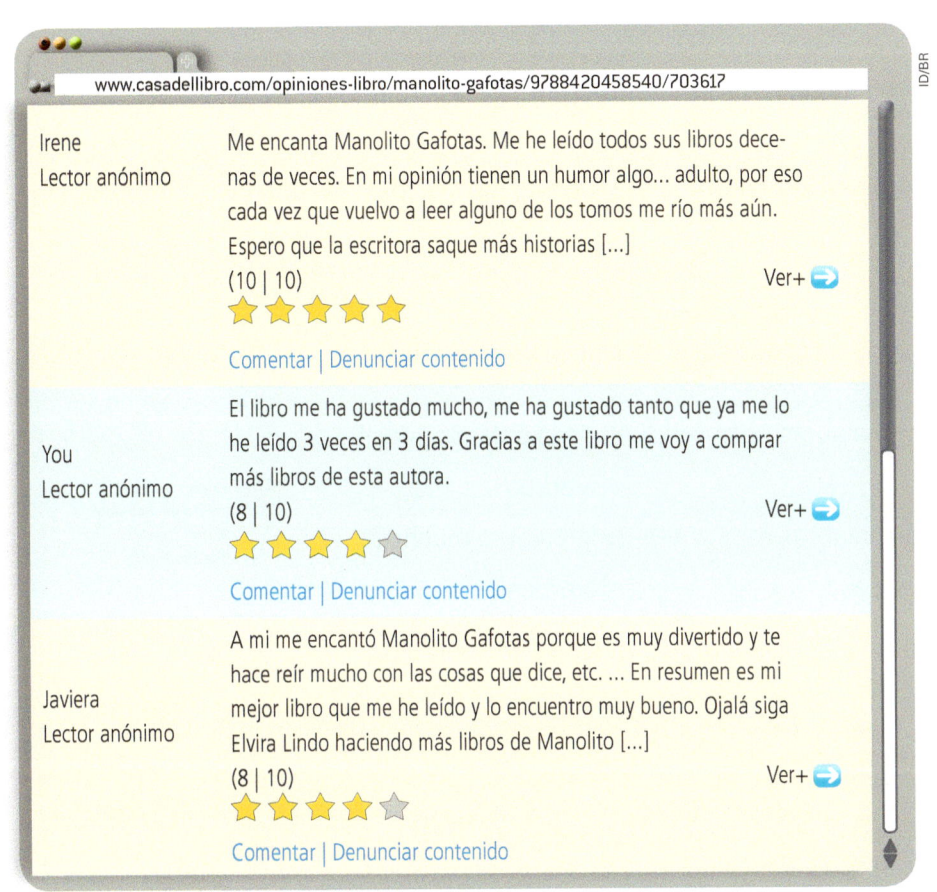

Género textual
- Comentario en un sitio electrónico de venta de libros

Objetivo de escritura
- Criticar una obra literaria.

Tema
- Comentario del lector

Tipo de producción
- Individual

Lectores
- La autora de la obra u otros interesados en leer el libro

www.casadellibro.com/opiniones-libro/manolito-gafotas/9788420458540/703617

Irene
Lector anónimo

Me encanta Manolito Gafotas. Me he leído todos sus libros decenas de veces. En mi opinión tienen un humor algo... adulto, por eso cada vez que vuelvo a leer alguno de los tomos me río más aún. Espero que la escritora saque más historias [...]
(10 | 10)
★★★★★
Ver+

Comentar | Denunciar contenido

You
Lector anónimo

El libro me ha gustado mucho, me ha gustado tanto que ya me lo he leído 3 veces en 3 días. Gracias a este libro me voy a comprar más libros de esta autora.
(8 | 10)
★★★★☆
Ver+

Comentar | Denunciar contenido

Javiera
Lector anónimo

A mi me encantó Manolito Gafotas porque es muy divertido y te hace reír mucho con las cosas que dice, etc. ... En resumen es mi mejor libro que me he leído y lo encuentro muy bueno. Ojalá siga Elvira Lindo haciendo más libros de Manolito [...]
(8 | 10)
★★★★☆
Ver+

Comentar | Denunciar contenido

Sacado de: <www.casadellibro.com/opiniones-libro/manolito-gafotas/9788420458540/703617>. Acceso el 7 de febrero de 2012.

A quien no lo sepa

¡A conocer más toda la obra! Accede al sitio electrónico <www.manolitogafotas.es/index.php> (acceso el 7 de febrero de 2012) y conoce a los personajes, la autora y el ilustrador de las historias de Manolito Gafotas. Si te gusta un montón, lee toda la serie.

1. A los tres lectores les gustó el libro *Manolito Gafotas*. ¿Qué elementos permiten afirmar eso?

   _____
   _____
   _____

2. Las estrellas coloridas sirven para indicar cuánto le gustó al lector el libro. ¿A quién le gustó más la historia de Manolito Gafotas?

   _____

3. ¿Por qué crees que hay bajo cada comentario un icono "Denunciar contenido"? ¿Lo crees necesario?

   _____
   _____

Gramática en uso

Muy / Mucho

1. Fíjate que en los comentarios los lectores usan palabras para intensificar sus opiniones sobre el libro. Observa:

   > "… es [un libro] **muy** divertido…" "… te hace reír **mucho**…"
   > "… lo encuentro **muy** bueno…" "El libro me ha gustado **mucho**…"

   a) Si fueras a traducir las palabras **muy** y **mucho** en portugués, ¿cómo las traducirías?
   _____

   b) ¿Por qué crees que en la primera columna se usa **muy** y en la segunda **mucho**? Para contestar, observa los siguientes ejemplos:

   > **muy** bonito — **muy** cansada — **muy** interesante
   > pensar **mucho** — vivir **mucho** — leer **mucho**

   - ¿Marca qué clase de palabras está después de la palabra **muy**?
     ( ) adjetivos   ( ) verbos
   - ¿Marca qué clase de palabras está antes de la palabra **mucho**?
     ( ) adjetivos   ( ) verbos

   *Véase también el **objeto educacional digital** "Leer en Buenos Aires".*

2. En esos dos casos, los intensificadores **muy** y **mucho** son adverbios.

   Ahora, completa la regla:

   Para intensificar, delante de adjetivos se usa el adverbio _____ y después de verbos se usa el _____ .

¡Ojo!

Excepciones: delante de los adjetivos **mejor**, **peor**, **mayor** y **menor**, se usa **mucho** (mucho mejor, mucho peor, mucho mayor, mucho menor).
El adverbio **muy** también se usa delante de otros adverbios: muy cerca; muy lejos, muy lentamente… Sin embargo, hay algunas excepciones: mucho más, mucho menos, mucho antes y mucho después.
La palabra **mucho**, cuando intensifica una acción, es invariable, o sea, no concuerda ni en género ni en número. Es un **adverbio**. Sin embargo, cuando se usa antes de un sustantivo, sí que sufre variación: mucho dinero, muchas madres, muchos libros, mucha lectura. Es un **adjetivo**.

Planeando las ideas

1. En el capítulo I, ¿qué cosas de películas o de la tele nos cuenta Manolito?
   _____

2. "Manolito Gafotas es capaz de vivir los hechos cotidianos como aventuras estupendas". De lo que leíste en el primer capítulo, ¿crees que eso realmente ocurre?

_____
_____

3. Ahora lee lo que dijo Elvira Lindo sobre Manolito y los lectores chavales de su obra.

> "Querría que los chavales que leen este libro se sintieran identificados con mi héroe, un héroe sin poderes sobrenaturales, un héroe que no es ni el más listo, ni el más fuerte, que no es un líder. Lo que sí tiene es conversación, sentido del humor y ganas de conocer su inmenso mundo, un barrio llamado Carabanchel."
>
> Sacado de: <http://www.manolitogafotas.es/manolito-gafotas/>. Acceso el 11 de octubre de 2011.

Para Elvira Lindo, Manolito es un héroe sin poderes sobrenaturales. ¿Por qué?

_____
_____

A quien no lo sepa

En la página oficial del libro *Manolito Gafotas* se puede leer la siguiente descripción del personaje: Manolito Gafotas es un niño de Carabanchel que observa el mundo desde su barrio y cuenta todo lo que ve con las palabras que atrapa de los mayores, de las películas y de la televisión. Con su abuelo Nicolás, su hermanito El Imbécil, sus amigos Orejones López, Yihad y Susana, Manolito Gafotas es capaz de vivir los hechos cotidianos como aventuras estupendas: leyéndolas se comprende que la infancia es el mejor momento de la vida.

Sacado de: <www.manolitogafotas.es/libros/>. Acceso el 11 de octubre de 2011.

El Orejones — Nicolás — Susana — Yihad — El Imbécil

Fotografías: Emilio Urberuaga/Alfaguara Juvenil

Taller de escritura

Escribe un comentario sobre el primer capítulo de *Manolito Gafotas*, de la escritora Elvira Lindo, dando tus opiniones sobre la obra, esto es, las cosas que a ti más gustaron y/o disgustaron, y por qué. No te olvides de colorear las estrellas.

¡Ojo!

Piensa en el contexto de comunicación. ¿El tratamiento es formal o informal? Eso es importante, pues tienes que conjugar los verbos. ¿Vas a usar **usted** o **tú/vos**?

(Re)escritura

Relee tu comentario, verifica si está cordial y respetuoso, si hay incorrecciones gramaticales y si las ideas están claras, sin incoherencias. Por fin, ¡a conferir cuántas estrellas los compañeros de clase han puesto para el capítulo! ¿A todos les gustó? ¿Por qué?

Género textual
- Indicación literaria

Objetivo de habla
- Sugerir una novela a los compañeros.

Tema
- Literatura juvenil en español

Tipo de producción
- Individual

Oyentes
- Alumnos de la clase

■ Habla

Lluvia de ideas

Para que les puedas indicar una novela a tus compañeros de clase, tendrás que leer algunos libros de literatura juvenil en español y elegir aquel que más te ha gustado. Una vez que tengas el libro en manos y lo hayas leído, contesta a las siguientes preguntas:

1. ¿Cuál es el nombre del libro? ¿Quién lo escribió?
2. ¿Quién ilustró el libro? ¿Te gustaron las imágenes?
3. ¿Quiénes son los personajes?
4. ¿Se cuenta la historia en 1ª persona?
5. ¿Dónde ocurre la historia?
6. ¿La historia es de amor, terror, aventura, policiaca, ciencia ficción?
7. ¿Por qué te gustó tanto el libro?

Gramática en uso

¿Te acuerdas del verbo **gustar**? Su conjugación es diferente del portugués, ¿verdad?

El sujeto es "lo que gusta". El complemento indirecto es la persona "a la que algo le gusta", por ejemplo, *Me gustó el libro* – sujeto: **el libro** (lo que gusta), complemento indirecto: **me** ("a mí", la persona a la que le gusta el libro).

Si vas a usar este verbo a la hora de introducir tu opinión sobre el libro e indicárselo a tus compañeros, puedes decirlo así:

Pretérito perfecto simple o indefinido	Pretérito perfecto compuesto
Me **gustó** el libro, porque…	Me **ha gustado** la narración, ya que…
Me **gustaron** los personajes, pues…	Me **han gustado** las aventuras, una vez que…

singular / plural

Rueda viva: comunicándose

¡A indicar el libro que tanto te ha gustado! No te olvides de que no puedes contar toda la historia y tampoco revelar el final. Debes dejar algo en suspense para que tus compañeros quieran leer la novela.

¡A concluir!

Todos han indicado un libro. Ahora contesta:

1. ¿Cuál te ha gustado más? ¿Vas a leerlo?
2. ¿Alguien se interesó por el libro que has indicado?

Escucha

¿Qué voy a escuchar?

Lee la sinopsis de la obra cinematográfica basada en el libro *Manolito Gafotas*.

> **Género textual**
> - Tráiler
>
> **Objetivo de escucha**
> - Conocer a los personajes.
>
> **Tema**
> - Adaptación para el cine de la obra literaria *Manolito Gafotas*

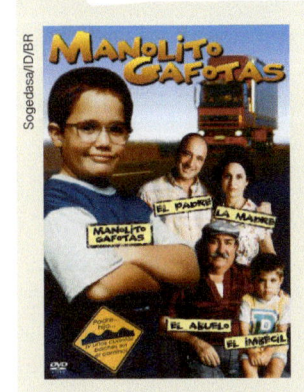

Película: *Manolito Gafotas* (España, 1999, director: Miguel Albaladejo)

Sinopsis:

El verano se presenta francamente mal para Manolito Gafotas. Está condenado, un año más, a pasar las vacaciones en su pequeño piso de Carabanchel Alto, con su madre, su abuelo y su hermano pequeño. Y encima ha suspendido las Matemáticas, para disgusto de su madre. Manolito espera con ilusión la llegada del padre, camionero de profesión, para que se lleve la familia a la playa. Es una comedia muy entretenida, recomendada para toda la familia. Te va a molar un pegote. ¡No te la puedes perder!

Adaptado de: <www.filmaffinity.com/es/film209950.html>. Acceso el 7 de febrero de 2012.

¿Qué esperas ver en el tráiler?
_____
_____

> **El español alrededor del mundo**
>
> **Suspender:** en América, reprobar en alguna asignatura en el colegio.

Escuchando la diversidad de voces

🎧 8   Escucha tres veces y, si posible, ve el tráiler de *Manolito Gafotas* en <www.movieweb.com/dvd/DVLgVNMQ3kpTPR/trailer> (acceso el 7 de marzo de 2012). Tu objetivo es contestar a las preguntas que siguen. Léelas antes de escuchar el audio.

1. ¿Qué mote le da Manolito a su hermano?
_____

2. ¿En qué asignatura del colegio Manolito no es bueno?
_____

3. ¿Con quién Manolito desea casarse de grande? ¿Por qué?
_____

4. ¿Por qué el padre de Manolito no se queda mucho en casa?
_____

5. Según Manolito, ¿qué falta a Carabanchel para ser un barrio perfecto?
_____

Comprendiendo la voz del otro

El recorrido del tráiler de la película te llevó a conocer a Manolito, su familia y sus amigos. Te enteraste de cómo es el lugar en que vive, a qué se dedica y otras informaciones. ¿Te gustaría ver esta película? Explica con elementos del tráiler.
_____

Oído perspicaz: el español suena de maneras diferentes

Acentuación de palabras graves (o llanas)

1. 🎧 9 Escucha nuevamente el comienzo del tráiler y acompaña la transcripción a continuación. Fíjate en las sílabas subrayadas:

   > Empezaré esta historia espeluznante por el principio de los tiempos. A mí me gusta que me llamen Gafotas. En mi barrio, todo el mundo que es un poco importante tiene un mote. Antes de tener un mote, yo lloraba bastante. Desde que soy Manolito Gafotas, insultarme es una pérdida de tiempo.

   Sacado de: <www.movieweb.com/dvd/DVLgVNMQ3kpTPR/trailer>. Acceso el 17 de mayo de 2012.

   Ahora, completa la regla:

   Se llaman graves o llanas las palabras cuya sílaba tónica es la _____

2. ¿Las palabras graves subrayadas llevan tilde?
   (   ) Sí   (   ) No

3. ¡A reflexionar sobre la regla!
   Observa la última letra de las palabras graves entresacadas del audio:

   > esta – historia – espeluznante – principio – tiempos – gusta – llamen – Gafotas – barrio – todo – mundo – poco – importante – tiene – mote – Antes – mote – lloraba – bastante – desde – Manolito – Gafotas – insultarme – tiempo

   Ahora completa:

   Las palabras graves entresacadas del video terminan ya sea en _____, ya sea en _____ o _____ y, por tanto, **no** llevan tilde.

   > **Nota**
   >
   > De acuerdo con las reglas de acentuación ortográfica de la lengua española, **llevarán acento ortográfico o tilde las palabras graves que terminen en consonante que no sea ni -n ni -s**.

   Ahora, observa la sílaba tónica del apodo del hermano de Manolito: Im**bé**cil. Lleva acento ortográfico porque es una palabra grave terminada en -l.

   Otras palabras graves que deben acentuarse, de acuerdo con la regla, son las siguientes: árbol, azúcar, césped, ángel, líder, cárcel, fémur…

   Dos reglas más, relacionadas con la acentuación de palabras graves. También llevan acento ortográfico:
   - cuando terminan en más de una consonante: bíceps, fórceps, récords…
   - cuando terminan con la letra **y**: yóquey, yérsey…

4. La lista que sigue contiene solamente palabras graves. Algunas de ellas, de conformidad con las reglas, deben llevar acento ortográfico. Acentúalas.

   > arbol – automovil – eclipse – margen – azucar – zapatos – memoria – martir – martes – facil – ductil – tactil – biceps – marmol – crimen – movil – consul – dificil – virgen – lapiz

CULTURAS EN DIÁLOGO

nuestra cercanía

1. En Brasil, hay un personaje muy famoso que se parece mucho a Manolito Gafotas. Es "O Menino Maluquinho", del escritor Ziraldo. ¿Lo conoces? Si tu respuesta es negativa, lee el box "A quien no lo sepa" para enterarte.

2. Tanto en España como en Argentina se tradujo el libro al español, pero con nombres distintos.

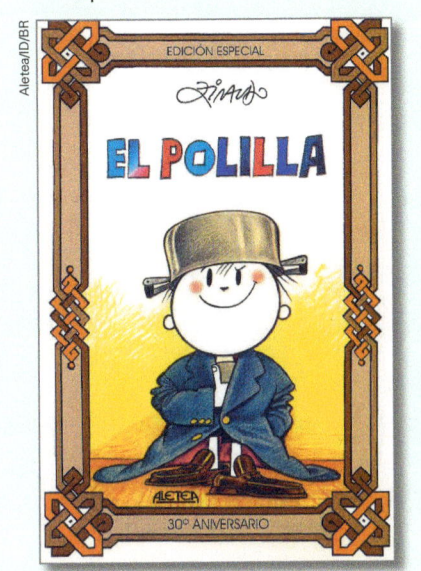

    a) En la edición española, su nombre es *El Polilla*. Mira el diccionario y comprende su significado.
    _____

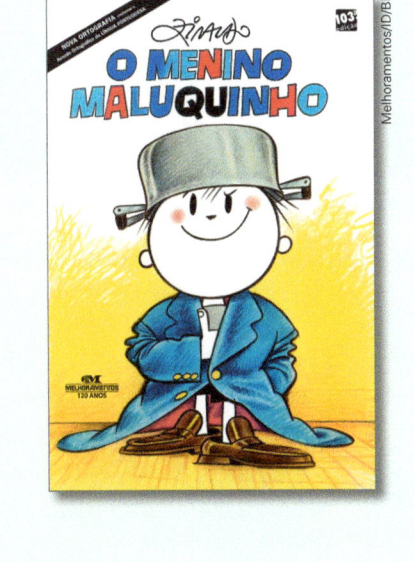

    b) En la edición argentina, su nombre es *El Pibe Piola*. ¿Qué significa **pibe**? ¿Y **piola**? Consulta el box "Vocabulario de apoyo" en la próxima página.
    _____
    _____

    c) ¿Crees que son buenos nombres para "O Menino Maluquinho"?
    _____
    _____
    _____
    _____

3. Lee el primer capítulo de *El Pibe Piola*. Compara las semejanzas y diferencias entre ese niño brasileño y el chico español Manolito Gafotas.

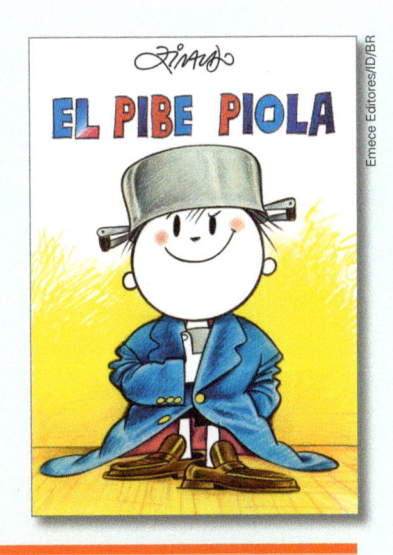

A quien no lo sepa

Ziraldo nació en Minas Gerais, es escritor y dibujante de varios libros de éxito, entre ellos *Flicts*, también traducido al español. Lee lo que dice la contratapa del libro *El Polilla* en español:

"Hay niños que se han ganado, por méritos propios, un lugar de privilegio en nuestra memoria: Papelucho, Mafalda, Coné o Charlie Brown. *El Polilla* ha tenido esa suerte en Brasil, donde es un verdadero fenómeno editorial que lleva vendidos más de un millón de ejemplares. Pero Ziraldo ha querido que su personaje sea reconocible en cada país. Este es un verdadero polilla chileno. Alegre, inquieto, travieso, divertido... y hasta un poco poeta. Un niño ganador, que es y hace lo que todos nosotros, grandes y chicos, hubiéramos querido. Quien vive o vivió así, sabe vivir. Quien no supo o no pudo... ¡qué pena!"

CULTURAS EN DIÁLOGO

Había una vez un chico muy, pero muy travieso. Eran tan travieso y tan inteligente que la gente decía: "¡Qué pibe más piola!". Se comía el mundo con los ojos. Tenía el viento en los pies y un petardo en el traste. Tenía pajaritos en la cabeza (pero unos pajaritos muy, pero muy despiertos). Y un corazón enorme. La verdad es que era ¡un chico imposible! Era muy piola, sabía hacer de todo. La única cosa que no sabía hacer era quedarse quieto.

Su voz, su risa, sus pasos, nunca sonaban donde él estaba. Si se quebraba un florero acá, seguro que él ya estaba allá. Cuando se lo oía cantar por allá él aparecía por aquí. Para algunos era un angelito. Para otros era la piel de Judas.

En la barra en que andaba era el más chiquitito, el más bajito, el más loquito, el más cancherito, el más inaudito. Eran tantas cosas terminadas en "ito" que sus amigos no entendían bien cómo podía ser, al mismo tiempo tan compañerazo. Si en la escuela se perdía un cuaderno (y él perdía un cuaderno por día) era fácil adivinar quién era el dueño.

En cada deber había un dibujo. En cada lección había un versito. En cada mapa un pajarito. El que encontraba un cuaderno así decía: "Seguro que es del Pibe Piola".

Lo más divertido del mundo era verlo llegar a su casa cada día, después de la escuela. La mochila y los libros llegaban siempre primero, volando por los aires. Después entraba él recorriendo a toda velocidad y las paredes de la casa temblaban y los cuartos retumbaban de gritos y alegría.

Y María, la cocinera, decía: "Me parece que ya llegó". Un día, a fin de año, el Pibe Piola volvió a casa con una cara muy especial: "Mamá, algo va a explotar dentro de muy poquito", dijo. "¡Una bomba! ¡Desalojen la casa!", gritó el abuelo. "¿Y qué va a pasarle al gatito?", preguntó la abuela. "Lo que va a explotar es otra cosa si te seguís haciendo el vivo", dijo mamá. "No, el que va a explotar es papá cuando vea mi boletín", dijo él. Y todos suspiraron aliviados y pensaron: "¡Qué chico terrible!".

Ese susto no era nada comparado con otros que causaba. A veces, sin que nadie lo obligara, se encerraba en su cuarto y estudiaba y estudiaba y volvía del colegio con todos 10 en el boletín. Y le decía a sus padres con cara de pícaro: "Me quedó un solo cero. Pero es en conducta".

Una noche muy oscura, ¡apareció un fantasma en la casa! cubierto con una sábana blanca, con los agujeros misteriosos a la altura de los ojos. Y saltó haciendo: BUUUUUÚ alrededor de papá y mamá que acababan de volver del cine. El susto no fue tan, tan grande. No. Con el fantasma sentado en sus rodillas papá preguntó: "¿No tenés miedo de andar por la casa a oscuras?". Y él contestó: "¿Cómo voy a tener miedo si el fantasma soy yo?".

Así era la casa del Pibe Piola: aunque afuera lloviese adentro había sol.

Ziraldo. *El Pibe Piola*. Buenos Aires: Pequeño Emecé, 1991.

Vocabulario de apoyo
Pibe: muchacho, chaval.
Piola: simpático, astuto, listo.
Petardo: cohete de pólvora.
Traste: trasero.
Piel de Judas: inquieto, travieso.
Barra: grupo de amigos.
Canchero: ducho, experto, hábil.
Deber: tarea escolar.

¿LO SÉ TODO? (AUTOEVALUACIÓN)

Lectura	¿Quién es Manolito Gafotas?	¿Me gustaría leer los libros de Manolito?	¿Quién es Elvira Lindo?
Escritura	¿Sé comentar una obra?	¿Con cuántas estrellas evalué el capítulo que leí del libro *Manolito Gafotas*?	¿Por qué bajo los comentarios hechos en páginas web hay el icono "Denunciar contenido"?
Escucha	¿Con quién vive Manolito?	¿Adónde quiere Manolito viajar?	¿Reconozco si la palabra es grave cuando la escucho?
Habla	¿Qué libros sugiero como imprescindibles?	¿Qué lecturas me han recomendado los compañeros de la clase?	¿Alguien se interesó por el libro que he indicado?
Gramática	¿Qué aumentativos y diminutivos conozco en español?	¿Cuándo puedo usar **muy** y **mucho** en español?	¿Sé expresar mis gustos usando el verbo **gustar**?
Vocabulario	¿Qué expresiones conozco con la palabra **oreja**?	¿Qué expresiones conozco con la palabra **mono**?	¿Qué significan las palabras **piola** y **polilla**?
Cultura	¿Quién es Ziraldo?	¿Qué otros personajes de niños se hicieron famosos en la literatura mundial?	¿Quién es el Menino Maluquinho?
Reflexión	¿Me gusta leer?	¿Qué tipo de libros prefiero?	¿Cuáles son los beneficios de la lectura?

GLOSARIO VISUAL

Palabras en contexto

16:01:03 ¡Hola amiga! Me voy de vacaciones a casa de unos tíos… Pero, allá no hay mucha cosa que hacer… ¿Qué me sugieres?

16:02:25 Pues llévate unos libros… ¡Hay unos muy entretenidos!

16:02:51 ¿Cuáles te gustan más?

16:04:17 Bueno, a ver… Te recomiendo *Manolito Gafotas*, de Elvira Lindo; *El Pibe Piola*, de Ziraldo; *Las crónicas de Narnia*, de C. S. Lewis… Hay un montón… ¿De qué género los prefieres?

16:04:42 Me gustan las novelas de amor.

16:05:01 Ah sí. Entonces te va a encantar *Crepúsculo*, de Stephenie Meyer, o entonces *La casa de los espíritus*, de Isabel Allende. También hay uno buenísimo de José Mauro de Vasconcelos, *Mi planta de naranja-lima*.

Ilustraciones: Laerte Silvino/ID/BR

Palabras en imágenes

cerdo   gafas

Repaso: ¡juguemos con el vocabulario y la gramática!

Unidades 3 y 4

Individual

¿Dónde está el muchacho? Rafael es un muchacho muy listo y hace muchas travesuras. Al jugar al escondite, Rafael se escondió en medio a lugares con decenas de detalles para despistar a sus amigos. Fíjate en sus características:

> Rafael es pelirrojo, siempre va vestido con jersey de rayas verticales azul y verde, pantalón vaquero y una gorra deportiva. Él también lleva gafas y tiene pecas.

A continuación, vas a observar varios lugares de una casa: baño, cocina, habitación, trastero, pasillo, escalera, sótano… Hay varios detalles: lavabo, cama, sofá, ducha, sillón, armario, mesa, fogón, aparador, mesita de noche…

Tu objetivo es encontrar *Rafael*. ¿Dónde él está? ¿En qué partes de la casa?

Rafael está _____ .

Rafael está _____ .

En parejas

¿Conoces las reglas de acentuación de las palabras agudas y llanas? A ver…

Uno va a pronunciar en voz alta palabras agudas. El otro tendrá que decir si lleva tilde o no.

> singular   infantil   educacion   asi   sofas

Ahora, el que adivinó va a pronunciar en voz alta palabras llanas. El otro tendrá que decir si lleva tilde o no. A ver quién acierta más.

> margen   azucar   lapiz   movil   eclipse

En tríos

¡Mira qué linda estancia! Tranquila, lejos de la ciudad, con piscina y... Observa la siguiente foto y crea un anuncio de venta bien atractivo para ese inmueble.

SE VENDE

En grupos

¿Se acuerdan los usos de muy y mucho? ¿Y del verbo gustar? ¡A practicar! Completa, oralmente, entre todos las frases en este juego de tablero.

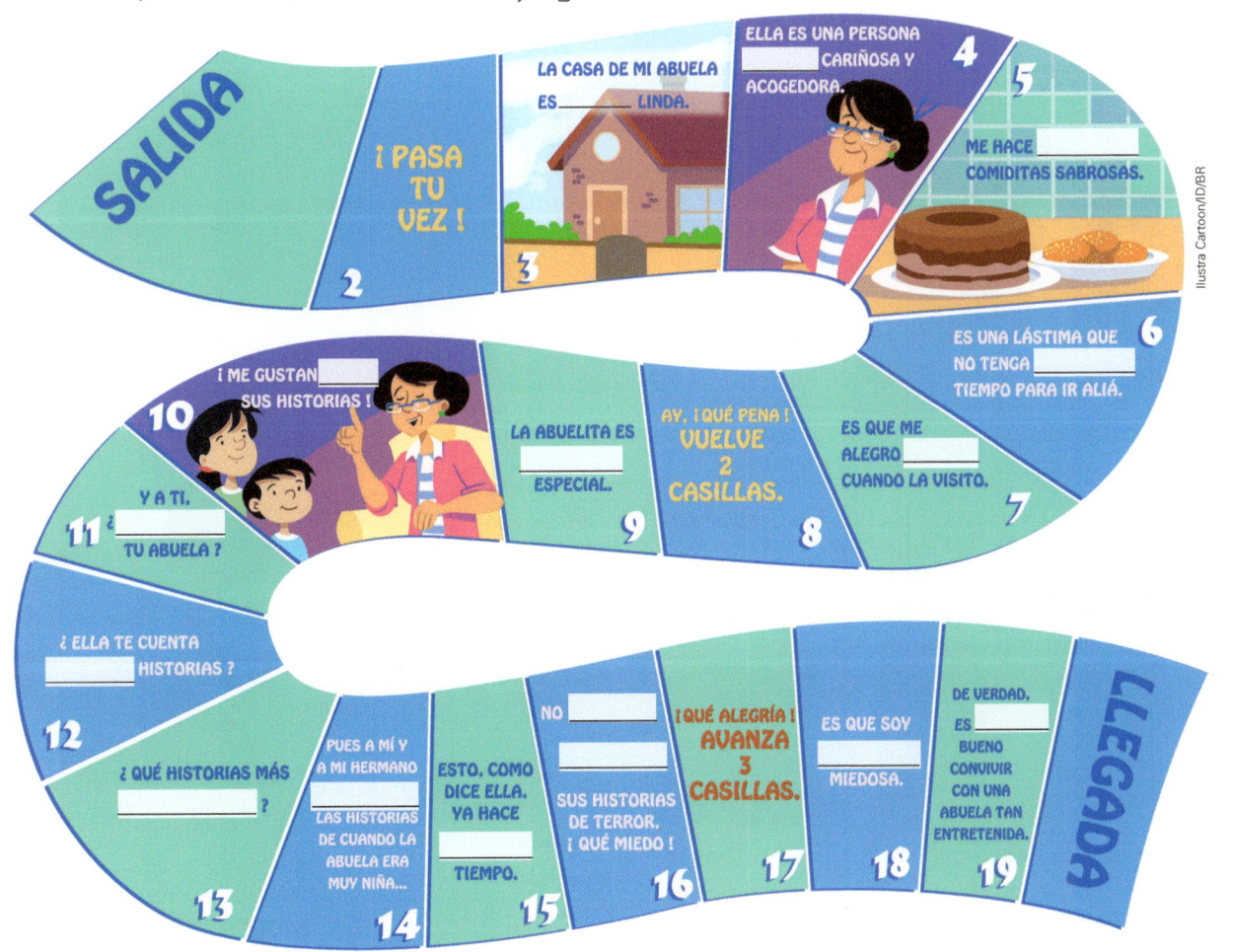

SALIDA

2. ¡PASA TU VEZ!

3. LA CASA DE MI ABUELA ES _____ LINDA.

4. ELLA ES UNA PERSONA _____ CARIÑOSA Y ACOGEDORA.

5. ME HACE _____ COMIDITAS SABROSAS.

6. ES UNA LÁSTIMA QUE NO TENGA _____ TIEMPO PARA IR ALIÁ.

7. ES QUE ME ALEGRO _____ CUANDO LA VISITO.

8. AY, ¡QUÉ PENA! VUELVE 2 CASILLAS.

9. LA ABUELITA ES _____ ESPECIAL.

10. ¡ME GUSTAN _____ SUS HISTORIAS!

11. Y A TI, ¿_____ TU ABUELA?

12. ¿ELLA TE CUENTA _____ HISTORIAS?

13. ¿QUÉ HISTORIAS MÁS _____ ?

14. PUES A MÍ Y A MI HERMANO _____ LAS HISTORIAS DE CUANDO LA ABUELA ERA MUY NIÑA...

15. ESTO, COMO DICE ELLA, YA HACE _____ TIEMPO.

16. NO _____ _____ SUS HISTORIAS DE TERROR. ¡QUÉ MIEDO!

17. ¡QUÉ ALEGRÍA! AVANZA 3 CASILLAS.

18. ES QUE SOY _____ MIEDOSA.

19. DE VERDAD, ES _____ BUENO CONVIVIR CON UNA ABUELA TAN ENTRETENIDA.

LLEGADA

5 Lo nuevo y lo antiguo en convivencia: *e-mail*, móvil, *chat*, *blog*...

Sacado de: <www.alessioatrei.it>. Acceso el 13 de octubre de 2011.

Romeo y Julieta se conocieron "en línea" en el chat, pero su relación tuvo un final trágico, quando se cayó la red de Julieta.

Sacado de: <http://farm1.static.flickr.com/55/139002665_f297dc4171.jpg>. Acceso el 19 de abril de 2012.

En esta unidad...

... reflexionaremos sobre las diferencias entre lo nuevo y lo antiguo, aprenderemos nuevos lenguajes y discutiremos las relaciones entre los niños y adolescentes y las personas mayores. Al final podremos contestar a las preguntas: ¿Respeto a mis abuelos? ¿Soy un ser tecnológico?

¡Para empezar!

1. Lee las viñetas 1 y 2 y contesta:
    a) ¿Qué historia le cuenta la madre a su hijo en la viñeta 2?
    b) ¿Cómo describes la viñeta 1? ¿Quiénes son los que están en la computadora?
    c) ¿Qué elementos construyen el humor de las viñetas?

2. Ahora observa la viñeta 3.
    a) ¿Quiénes son los amigos del niño?
    b) Y tú, ¿tienes amigos virtuales? En tu opinión, ¿es mejor tener amigos virtuales o reales? ¿Hay cómo equilibrar los dos tipos?

3. ¿Qué mensaje las viñetas transmiten respecto a las relaciones sociales en el mundo globalizado?

4. ¿Crees que las nuevas tecnologías de la comunicación (tales como internet y teléfono móvil) influencian nuestras relaciones sociales?

5. ¿Qué ventajas hay en usar internet y teléfono para comunicarse? ¿Qué desventajas existen?

Transversalidad
Aquí el tema transversal que se introduce es la cuestión del respeto a las personas mayores. Ética y ciudadanía.

Género textual
- Blog

Objetivo de lectura
- Conocer refranes españoles.

Tema
- Aprender con los abuelos

A quien no lo sepa

El origen de internet remonta a 1969, cuando se estableció la primera conexión de computadoras, conocida como Arpanet, entre tres universidades en California y una en Utah, Estados Unidos.

Un *blog* es un sitio web periódicamente actualizado que recopila cronológicamente textos o artículos de uno o varios autores, apareciendo primero el más reciente.

Lectura

Almacén de ideas

1. Actualmente, muchos jóvenes acceden a las páginas de internet para charlar, investigar, leer, informarse, "chatear", entre otros objetivos. Pero hace unos treinta años, el uso de internet no era frecuente. ¿Cómo era la vida sin internet?
   _____
   _____

2. Ahora, reflexiona sobre la siguiente campaña:

   Mi héroe no tiene capa usa bastón
   > Integración
   > Respeto
   > Dignidad

   Tienen mucho para dar
   Aprendamos de ellos

   SEMANA DEL RESPETO A LOS MAYORES - 5 al 11 de octubre
   GOBIERNO DE LA CIUDAD DE BUENOS AIRES   gobBsAs

   Sacado de: <http://weblog.maimonides.edu/gerontologia/archives/001905.html>. Acceso el: 22 ago. 2011.

   a) Uno de los temas de esta unidad es la convivencia entre lo antiguo y lo nuevo. ¿Quién representa lo antiguo y quién representa lo nuevo en la campaña? ¿La crees importante?
   _____
   _____
   _____

   b) Y tú, ¿respetas a las personas mayores?
   _____
   _____

3. Vas a leer un *post* del "*Blog* de Zezé" publicado en la revista *Billiken*, de Argentina. Pero antes, a hacer hipótesis: por la ilustración del *blog*, ¿qué esperas leer en él?
   _____
   _____

Red (con)textual

Tu objetivo de lectura es intentar comprender el significado de algunos refranes usados por la abuela y su nieto: "No hay atutía"; "¡Vuelvo en un periquete!". ¡A leer el *blog*!

El blog de ZEZÉ

http://www.billiken.com.ar/

Perfil de ZEZÉ
Nombre: **ZEZÉ**
Edad: **10**
Fan de: **¡Billiken!**

Amigos de ZEZÉ

Felip3
Edad: **8**
Fan de: **Messi**

Mi_k
Edad: **9**
Fan de: **las historietas**

ZEZÉ dijo el 15/04/11 13:54

¡En un periquete!

Resulta que la abuela me pescó cuando estaba pensativo. Yo me tomo muy en serio esto de pensar. Me siento en el piso, en donde nadie me moleste, y apoyo la cabeza sobre las rodillas. La cabeza se pone más pesada cuando uno pone las neuronas a trabajar; por eso hay que sostenerla.
En fin, en eso estaba cuando pasó la abuela y me preguntó qué me pasaba. Yo le dije: Estoy pensando en algo que me dijo mamá, que no tiene sentido. Te cuento. Yo estaba buscando un paquete de galletitas que ella había escondido, y cuando me vio revolviendo las cosas, me dijo: *"No hay tu tía"*. La abuela se rió, y entonces le pregunté: ¿A qué tía se refería? ¿Y donde no hay tías? La abuela dijo: Lo que tu mamá quiso decirte es que por más esfuerzo que hicieras no ibas a encontrar las galletitas. ¡Estás comiendo muchas, Zezé! Yo me rasqué la cabeza y le dije: ¿Y eso qué tiene que ver con las tías? La abuela respondió: Se trata de un refrán, de una frase hecha que viene de hace mucho. Y no es "tu tía" sino "atutía". Con el tiempo la frase se acortó. Atutía era un ungüento que se usaba para curar muchas enfermedades. Por eso, cuando algo no tenía cura, se decía: "No hay atutía". Es decir: ¡no quedaba nada por hacer! ¿Entendés, Zezé? Yo dije: Sí, abuela. Me encantan los refranes. Y ahora que ya pensé, voy a buscar las galletitas aunque no haya atutía. ¡Vuelvo *en un periquete!* Yo dije eso y la abuela largó una carcajada. ¿Sabés qué quiere decir "en un periquete"?, me preguntó y me explicó: Es otro refrán. Antes se llamaba "Don Perico" a los mingitorios en los baños públicos de hombres, y de "Perico" viene *periquete* que era... ¡hacer pis rápido! jajajaj Ay abu, ahora me dieron ganas así que, primero voy al baño y después... ¡por las galletitas!

Nanete dijo el 15/04/11 15:22
Los abuelos son como Internet. Están llenos de información.

Lauti-8 dijo el 15/04/11 19:13
Preguntale si sabe qué significa esta expresión: ¡a troche y moche!

Lo mejor de tener abuela
1- Que sabe muchas cosas.
2- ¡Nadie cocina como ella!
3- Que te lleva a pasear muy seguido.

¡Hacete fan de **Zezé** en Facebook!

¿Querés dejarme tus comentarios, opiniones o contarme algo que te haya pasado? Escribime a
elblogdezeze@billiken.com.ar

Entradas anteriores

En *Billiken* 4755 01/04/11

En *Billiken* 4753 18/03/11

Revista *Billiken*, Argentina, 4757, 15 de abril de 2011. p. 9.

Vocabulario de apoyo

Periquete: espacio de tiempo muy breve.
Neurona: célula nerviosa.
Largar (una carcajada): echar, soltar (una carcajada).
Abu: apócope (supresión de algunos sonidos finales de una palabra) de **abuela**.
A troche y moche: expresión que alude a que algo se hace sin control, de cualquier manera. Troche, de trochar (trocear, cortar); moche, de mochar (cortar).

Tejiendo la comprensión

1. ¿De qué asunto trata el *post* de "El *blog* de Zezé"?
   _____

2. ¿Qué comentan los seguidores del *blog* sobre el *post*?
   _____

3. ¿Qué son los refranes?
   _____

4. ¿Qué significa **no hay atutía** y **en un periquete**?
   _____
   _____

5. Según Zezé, ¿qué es lo mejor de tener abuela? ¿Y para ti?
   _____
   _____

6. En el perfil de Zezé y de sus amigos, aparecen las informaciones **edad** y **fan de**. Completa también tu perfil.

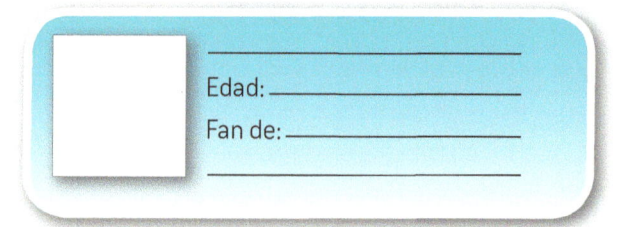

   Perfil de ZEZÉ
   Nombre: ZEZÉ
   Edad: 10
   Fan de: ¡Billiken!

   Amigos de ZEZÉ
   Felip3
   Edad: 8
   Fan de: Messi

   Mi_k
   Edad: 9
   Fan de: las historietas

   Edad: _____
   Fan de: _____

Gramática en uso

Estar + gerundio

1. Mira los siguientes verbos que se sacaron de "El *blog* de Zezé":

   > pensando – buscando – revolviendo – comiendo

   ¿En qué se asemejan?
   _____

2. Ahora observa los enunciados a continuación sacados del *blog* en los que esos verbos aparecen y averigua: en la mayoría de esas frases, ¿qué verbo acompaña el gerundio?

   > Estoy **pensando** en algo que me dijo mamá [...]
   > Yo estaba **buscando** un paquete de galletitas que ella había escondido, y cuando me vio **revolviendo** las cosas me dijo *No hay tu tía*.
   > ¡Estás **comiendo** muchas, Zezé!

El uso **estar + gerundio** es común para enfatizar el momento en que se produce una acción. Además, se usa el verbo estar + gerundio para **expresar la prolongación de una acción**. Observa que el gerundio se forma sustituyendo las terminaciones **-ar**, **-er** o **-ir** del infinitivo por **-ando** o por **-iendo**:

Véase también el **objeto educacional digital** "Gerundio está buscando un amor".

Formación del gerundio		Ejemplo	
-ar	-ando	hablar, amar	habl**ando**, am**ando**
-er	-iendo	comer, beber	com**iendo**, beb**iendo**
-ir	-iendo	vivir, sufrir	viv**iendo**, sufr**iendo**
vocal + -er o -ir	-yendo	leer, construir	le**yendo**, constru**yendo**

3. Mira las imágenes y verifica qué está o estaba haciendo Garfield. Usa el verbo **estar** en presente o en pasado y el gerundio.

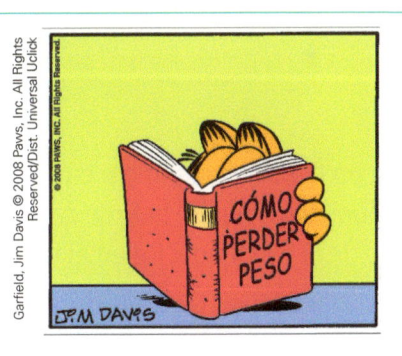

Ahora	Antes

Vocabulario en contexto

El lenguaje en internet

1. Si eres usuario de internet, seguro que has observado que la lengua escrita en ese medio es distinta de la que se usa en el día a día en otros medios de comunicación. Es que en internet se encuentran otros medios de comunicarse representados por señales distintos de los usuales. ¿Notaste que el lenguaje usado en internet es diferente del usado en otros contextos? Observa "El *blog* de Zezé".

   a) ¿Qué significan las caritas que aparecen en el texto del *post*?
   _____
   _____

   b) ¿Sabes qué son "emoticones"? Son aquellas caritas creadas con letras y señales de la computadora para expresar diferentes estados de ánimo. Reflexiona sobre el posible significado de los "emoticones" a continuación y relaciona las dos columnas:

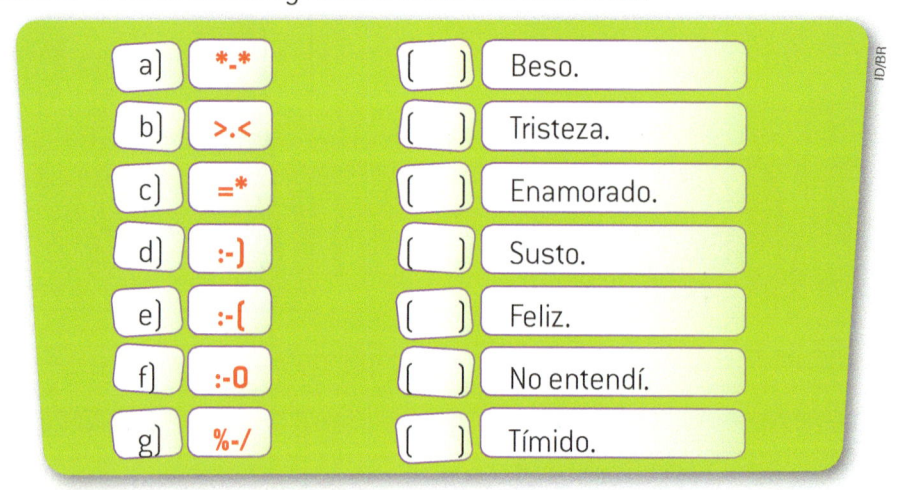

a)	*-*	( )	Beso.
b)	>.<	( )	Tristeza.
c)	=*	( )	Enamorado.
d)	:-)	( )	Susto.
e)	:-(	( )	Feliz.
f)	:-O	( )	No entendí.
g)	%-/	( )	Tímido.

   c) El emoticón :D puede significar carcajada en el lenguaje de internet, o sea, que alguien se está riendo muchísimo. En "El *blog* de Zezé", él ha usado una expresión que simboliza en la escritura el sonido de la carcajada. Relee el texto e identifícala:
   _____

2. En algunos espacios de internet, además de los "emoticones", también se usa la lengua escrita de una manera diferente. Lee los siguientes enunciados comunes en el medio digital. Marca las señales de "interneteo". Luego, intenta interpretarlos como si fuese un diálogo en el papel.

   a) _ kdamos en cine a las 9 bs salu2 _____
      _ Sisi jejeje xoxo. Chaooooo!!! _____

   b) _ Hola komo tas? _____
      _ ☺ y vos? _____
      _q c yo? ☹... _____
      _ ¿? _____
      _ Niidea!!! _____

3. Lee la historieta a continuación y circula los nombres que remiten a la temática de la tecnología.

Viñeta 1:
Mis amigos tienen gustos y necesidades muy diferentes:

Están los tecnológicos amantes de sus teléfonos con GPS, Internet móvil, cámara, video y agenda personal

...

Viñeta 2:
Otros se decantan por la nueva DS. Con sus juegos mentales, pantalla táctil, música, cámara y mejor conexión para las descargas y la conectividad con la WII

...

Mancha08

Viñeta 3:
Y luego están los que prefieren una gran pantalla para ver películas, juegos con mejores gráficos e incluso programas para hablar en otros idiomas.

Pero hay algo que los une. Todos se vuelven locos

...

Viñeta 4:
Sin batería...

¿Dónde estoy? ¿Qué he de hacer?

¡¡Noto cómo crece mi edad mental!!

Sacado de: <http://www.trucoteca.com/>. Acceso el 22 marzo de 2011.

Sacado de: <http://fotos.trucoteca.com/guias/M01-Tecnologia12235690331223569041.jpg>. Acceso el 9 de febrero de 2012.

Género textual
- Correo electrónico

Objetivo de escritura
- Enviar saludos.

Tema
- Día de los abuelos

Tipo de producción
- Individual

Lectores
- Los abuelos

■ Escritura

Conociendo el género

1. Si eres alguien que tiene la costumbre de usar la computadora, seguro que sabes enviar correos electrónicos. ¿Cuáles son las características de ese género de texto? Observa un "emilio" y haz lo que se te pide.

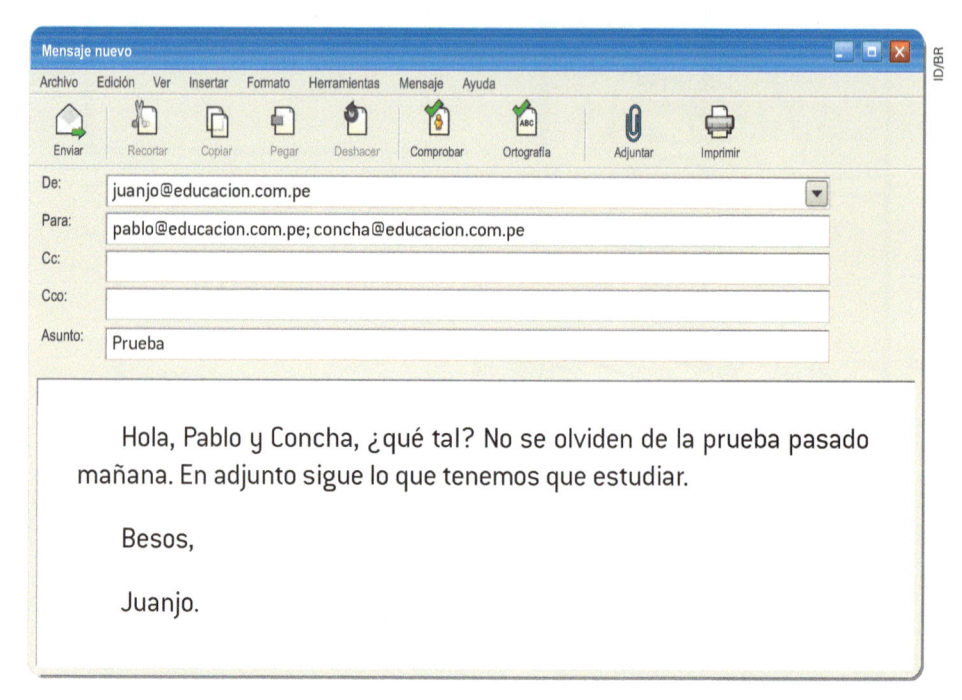

```
Mensaje nuevo
Archivo  Edición  Ver  Insertar  Formato  Herramientas  Mensaje  Ayuda
Enviar  Recortar  Copiar  Pegar  Deshacer  Comprobar  Ortografía  Adjuntar  Imprimir

De:      juanjo@educacion.com.pe
Para:    pablo@educacion.com.pe; concha@educacion.com.pe
Cc:
Cco:
Asunto:  Prueba
```

Hola, Pablo y Concha, ¿qué tal? No se olviden de la prueba pasado mañana. En adjunto sigue lo que tenemos que estudiar.

Besos,

Juanjo.

a) Circula el lugar donde se escriben los correos electrónicos de los destinatarios.

b) ¿Sabes qué significan las siglas CC y CCO? Colorea en rojo el campo que significa "copia de carbón", o sea, aquella parte en que se ponen los correos de quienes recibirán también el mensaje pero que no se dirigen específicamente a ellos. Colorea en verde el campo que significa "copia de carbón oculta", o sea, que hace que los destinatarios reciban el mensaje sin aparecer en ninguna lista.

c) El asunto del mensaje es el título. ¿Cuál es el asunto del mensaje? ¿Crees que es un buen título?
_____
_____

d) En los mensajes, es usual que se salude al destinatario. ¿Cuál es el saludo usado? ¿Es un mensaje formal o informal? Explícalo.
_____
_____

e) ¿Cuál es la despedida que se usó?
_____

2. Hay una serie de viñetas del cartonista español Mario Entrialgo titulada "Costumbres odiosas en el uso del correo electrónico". Lee una de ellas:

COSTUMBRES ODIOSAS EN EL USO DEL CORREO ELECTRÓNICO

Nº 83 DAR UNA DIRECCIÓN QUE NO SE UTILIZA

—Si me vas a enviar un mail, avísame antes por teléfono, que es que yo no recojo el correo electrónico casi nunca.

—Vale, pues aquí tienes mi número de teléfono; pero si me vas a llamar, mándame antes un telegrama avisándome, que es que yo no respondo al teléfono casi nunca.

Mauro Entrialgo/Achivo del artista

Sacado de: <www.tantata.com/galeria.php?id=0155>.
Acceso el 7 de enero de 2010.

a) ¿Cuál es la costumbre odiosa presentada en la viñeta?
_____

b) ¿Qué otras costumbres consideras "odiosas" en el uso del correo electrónico? Lístalas, pues vas a tener que escribir un *e-mail* y no debes cometer ningún fallo.
_____

Planeando las ideas

Para felicitarles a las personas por alguna fecha conmemorativa, hay algunas expresiones que se pueden usar. En las tarjetas a continuación, encontrarás algunos mensajes interesantes de felicitaciones.

¡Feliz Día, Mamá!

Te deseo lo mejor de lo mejor... ¡Feliz Día!

Gracias por tu amistad

noventa y cinco 95

Taller de escritura

¡A producir! ¿Sabes que hay el Día Internacional de los Ancianos? Es el 1 de octubre y fue instituido por la ONU (Organización de las Naciones Unidas). En Brasil, se celebra el Dia de los Abuelos el 26 de julio. Imagínate que vives lejos de tus abuelitos y envíales un correo electrónico felicitándolos por el Día de los Abuelos. No dejes de, después, darles un abrazo cariñoso por la fecha. **¡Ojo!** No cometas fallos "odiosos" en el uso de *e-mails*.

> **¡Ojo!**
>
> Piensa en el contexto de comunicación. ¿Con quién vas a hablar? ¿El tratamiento es formal o informal? Eso es importante, pues tienes que conjugar los verbos. ¿Vas a usar **usted** o **tú/vos**?

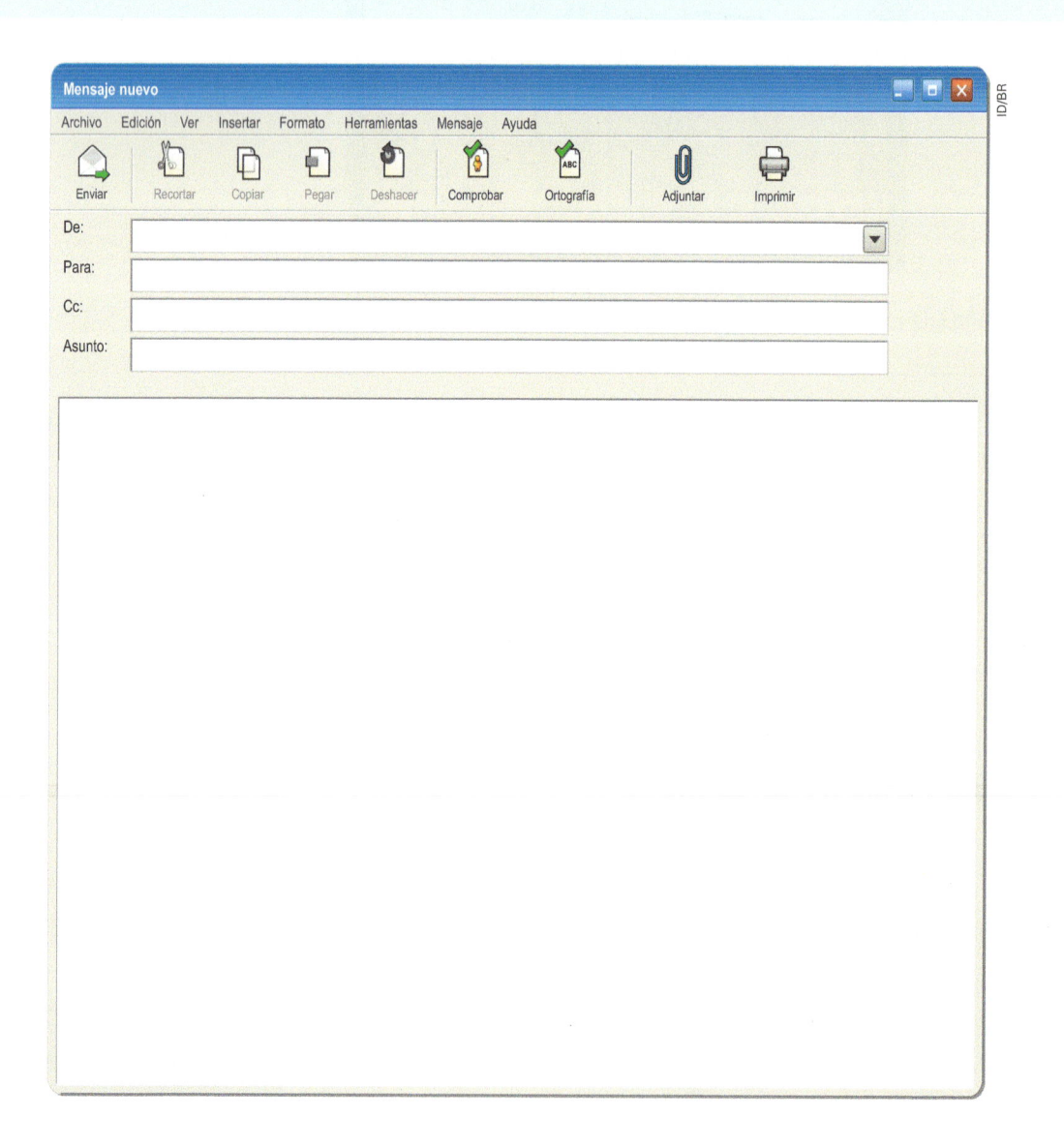

(Re)escritura

Vuelve al texto de tu *e-mail* y comprueba si:
- está conciso, coherente y cariñoso;
- se usan expresiones de saludo y despedida.

Habla

Lluvia de ideas

1. 🎧 10 En las fiestas de cumpleaños, es costumbre cantar una canción muy sencilla para celebrar el cumpleaños. Escucha una de las versiones en español de la letra de Cumpleaños Feliz y cántala juntamente con todos de la clase.

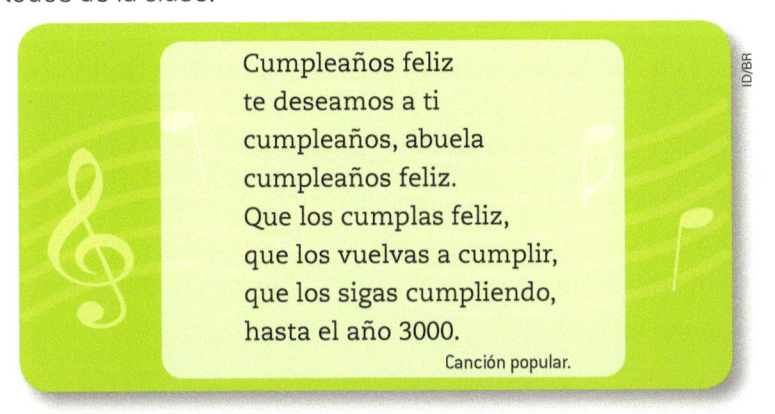

> Cumpleaños feliz
> te deseamos a ti
> cumpleaños, abuela
> cumpleaños feliz.
> Que los cumplas feliz,
> que los vuelvas a cumplir,
> que los sigas cumpliendo,
> hasta el año 3000.
>
> Canción popular.

2. ¿Has charlado alguna vez por internet con algún pariente o amigo que vive lejos? Hay varias herramientas de llamada por teléfono en la computadora, como MSN y Skype, por ejemplo.

Rueda viva: comunicándose

¡A telefonear a la abuela en MSN! Vamos a hacer una simulación de la charla, donde uno va a ser la abuela/el abuelo y el otro la nieta/el nieto. Tienes que saludar, felicitar a la abuela/el abuelo, entablar una conversación y, al final, despedirse antes de colgar. ¿Te acuerdas del vocabulario necesario para llamar por teléfono? Lo hemos estudiado en el libro del 7º año, en la unidad 3.

> **Vocabulario de apoyo**
> **Al descolgar:**
> ¿Diga?; ¿Quién es?; ¿Sí?; ¿Aló?
> **Saludo y pregunta por la persona con quien quiere hablar:**
> — Hola; buenos días; buenas tardes; buenas noches; ¿Está abuelita?
> ¿Se puede poner la abuela?

¡A concluir!

Ahora, a cambiar los roles. Quien fue el abuelo/la abuela ahora será el nieto/la nieta. ¡A charlar! Después, compara las actuaciones. ¿Quién ha actuado mejor como abuelo(a)? ¿Y cómo nieto(a)?

> **¡Ojo!**
> Piensa en el contexto de comunicación. ¿Con quién vas a hablar? ¿El tratamiento es formal o informal? Eso es importante, pues tienes que conjugar los verbos. ¿Vas a usar **usted** o **tú/vos**?

Género textual
- Llamada telefónica en MSN

Objetivo de habla
- Felicitarle a la abuela y al abuelo.

Tema
- Cumpleaños

Tipo de producción
- En parejas

Oyentes
- Nieto(a) y abuelo(a)

A quien no lo sepa

- Curiosamente, en México se emplea para felicitar una canción que se llama "Las mañanitas". La primera estrofa dice: "Estas son las mañanitas / que cantaba el rey David / hoy por ser día de tu santo / te las cantamos aquí. / Despierta mi bien, despierta / mira que ya amaneció / ya los pajaritos cantan / la Luna ya se metió."
- ¿Sabías que en España los teléfonos móviles empiezan por 6? Ya los fijos son los que empiezan por 9 seguido de un número distinto de 0. Los primeros 2 o 3 números son el prefijo de la provincia. Hay también los teléfonos de atención al cliente: 900, 901 y 902. Los números 900 son gratuitos. Los 901 y 902 son de pago.

Género textual
- Reportaje

Objetivo de escucha
- Identificar detalles de un estudio sobre el uso de la tecnología.

Tema
- Las nuevas tecnologías y los adolescentes

■ Escucha

¿Qué voy a escuchar?

🎧 11 Vas a escuchar un reportaje sobre el resultado de un estudio que se hizo en la Universidad de Navarra, en España, sobre la influencia de las nuevas tecnologías en las calificaciones de los adolescentes. (<www.youtube.com/watch?v=TVXGtwDejFg&feature=relmfu>. Acceso el 2 de abril de 2012). ¿Crees que esos resultados son negativos o positivos?

Escuchando la diversidad de voces

Mientras escuchas, marca la respuesta correcta:

1. ¿Cuál es el área de estudio de los investigadores de la Universidad de Navarra?
   - ( ) Ingeniería
   - ( ) Sociología
   - ( ) Estadística
   - ( ) Medicina

2. ¿Cuántos chicos participaron en las encuestas?
   - ( ) 620
   - ( ) 320
   - ( ) 330
   - ( ) 630

3. ¿Cuál es la edad de los alumnos que participaron de ese estudio?
   - ( ) 13 a 17 años
   - ( ) 11 a 15 años
   - ( ) 10 a 14 años
   - ( ) 12 a 16 años

4. ¿Qué tecnología no forma parte del estudio?
   - ( ) televisión
   - ( ) móvil
   - ( ) internet
   - ( ) videojuegos

5. Uno de los objetivos del estudio es relacionar las nuevas tecnologías a:
   - ( ) control
   - ( ) horas estudios
   - ( ) habitación
   - ( ) asignaturas

6. ¿Cómo debe ser el control paterno según los estudiosos?
   - ( ) inflexible
   - ( ) suave
   - ( ) generoso
   - ( ) sencillo

Comprendiendo la voz del otro

1. ¿Los resultados obtenidos por los investigadores fueron positivos o negativos?
   _____

2. Según el estudio hay mucha relación entre las horas de uso de las nuevas tecnologías y la aprobación o no en las asignaturas en el colegio. ¿Cuánto tiempo usas internet y la televisión en tu casa? ¿Crees que el exceso de uso influencia en tus horas de estudio?
   _____

Oído perspicaz: el español suena de maneras diferentes

La tilde diacrítica en los monosílabos

🎧 12 Escucha la pronunciación de los siguientes monosílabos y nota si hay algún cambio en el sonido:

él	tú	mí	sí	té	dé	más
el	tu	mi	si	te	de	mas

1. Ahora contesta: ¿Por qué crees que uno de ellos lleva tilde?
   _____

Hay una regla ortográfica que dice que los monosílabos no se acentúan. Sin embargo se usa la tilde en una serie de monosílabos para diferenciarlos de otras palabras de igual grafía, pero de diferente significación. Es el acento diacrítico.

Cada monosílabo del recuadro tiene su significación y función sintáctica en la frase (si es pronombre, adverbio, conjunción, sustantivo, preposición, artículo o verbo).

2. Busca en el diccionario el significado de cada uno de esos monosílabos y tradúcelos libremente al portugués.

Él (pronombre personal): _____

El (artículo): _____

Tú (pronombre personal): _____

Tu (pronombre posesivo): _____

Mí (pronombre complemento): _____

Mi (pronombre posesivo): _____

Sí (adverbio afirmativo y pronombre tónico): _____

Si (conjunción condicional): _____

Té (sustantivo): _____

Te (pronombre complemento): _____

Dé (forma del verbo **dar**): _____

De (preposición): _____

Más (adverbio de cantidad): _____

Mas (conjunción adversativa): _____

A quien no lo sepa

La palabra **mas**, sin tilde, no es muy usual en el español actual. Pero se encuentra mucho en textos literarios.

Vocabulario en contexto

1. En el reportaje se muestran algunos objetos de las nuevas tecnologías. Sin embargo, hay algunos que hoy día casi no se usan. ¿Sabes citar algunas tecnologías que hoy día se consideran obsoletas?

   _____

2. Mira las imágenes de algunos objetos y verifica si los conoces. Relaciona el nombre a la imagen. Puedes preguntar qué son a tus padres y abuelos.

   máquina de escribir – cinta casete – disquete – disco de vinilo – cinta VHS – film fotográfico

CULTURAS EN DIÁLOGO

nuestra cercanía

1. ¿Cómo te imaginas que es la imagen de los ancianos en las culturas primitivas? ¿Y en las orientales? ¡A leer e informarte!

La ancianidad en las diferentes culturas

En las culturas primitivas

Cada persona luchaba por sobrevivir, hacerlo era un desafío diario. Recordemos que en los pueblos prehistóricos y en los comienzos de la Antigüedad, los hombres eran recolectores y cazadores, y conseguir el alimento significaba recorrer grandes distancias, luchando contra los animales, la naturaleza y los rivales. Más tarde los pueblos se fueron haciendo sedentarios y radicándose en pequeñas villas, formadas primero por familiares, y allí comenzaron a hacerse agricultores y a cultivar mandioca, yuca, maíz y otros productos que les servían de base alimenticia. Muy pocos de ellos alcanzaron a cumplir 30-35 años; el promedio en la banda de recolectores era de 18 años. La vida de estos hombres estaba en constante amenaza, ya sea por las inclemencias, las epidemias, rencillas tribales, el hambre. Entre los esquimales, los viejos preferían morir y no ser carga para su grupo, eligiendo voluntariamente la muerte. La costumbre era dejarlos abandonados entre la nieve, para morir de frío o devorados por fieras. Otro pueblo nómade de los mares del sur – los yaganes –, habitantes de la Tierra del Fuego, cuidaban amorosamente a sus viejos, y en las Islas Fidji, era deber de todo buen hijo acelerar la muerte de sus padres cada vez que estos mostraban las primeras señales de su pronta muerte, esto debido a que ellos creían que se pasaba a la otra vida en las mismas condiciones en que se encontraban en esta. Los mapuches asociaban la longevidad a un poder sobrenatural y la buena memoria inspiraba admiración entre los jóvenes. Los más viejos conocían más y sabían más que los jóvenes. Vale allí el proverbio "sabe más el diablo por viejo que por diablo". Entonces, para los araucanos era motivo de gran orgullo contar con viejos entre sus miembros, y les asignaban un lugar y un rol preferencial: los caciques. El conocimiento transmitido oralmente de generación a generación, por los ancianos, fue decisivo en el desarrollo de las culturas y grandes civilizaciones americanas, como la de los mayas, aztecas e incas.

En la cultura oriental

En China, India, Japón, Corea, Líbano, Irán, Irak, Israel y en casi todos los países del continente asiático existe toda una tradición de respeto y culto por la ancianidad. Hoy se realizan investigaciones en Bama – China – para conocer la enorme cantidad de centenarios longevos que habitan en esa zona. Igualmente existe gran preocupación por los cambios violentos en esas sociedades que están echando por tierra la tradición comentada: Se calcula que en el 2030 en China habrá más de 1 500 millones de adultos mayores de 65 años. En India, país que está sufriendo enormes transformaciones, tiene actualmente casi mil millones de habitantes y el 80% vive en zonas rurales. En estos lugares existen centenares de pequeñas agrupaciones que viven de actividades agrícolas de bajísima productividad y en las que cada miembro de ellas tiene su rol que jugar para contribuir al mantenimiento de la familia. En estas tareas los mayores son muy apreciados; reciben un trato muy cariñoso y respetuoso de sus parientes y su esfuerzo es muy considerado. En Japón, con una población de 125 000 000 de habitantes y con casi 20% de adultos mayores de aquí al 2005, y con un impresionante 50% para el 2030 con más de 75 años, existe gran preocupación para integrarles a la vida laboral, ya que serán la fuerza real de ese desarrollado país. Se han creado agencias de empleo para jubilados, y centros educativos no formales en donde participan en forma conjunta ancianos y niños.

Sacado de: <www.portalgeriatrico.com.ar/detallenotas.asp?id=108>. Acceso el 9 de febrero de 2012.

CULTURAS EN DIÁLOGO

2. En las culturas primitivas, ¿cómo se trataban a los mayores en cada pueblo? Rellena la tabla:

Culturas primitivas	Mayores
Esquimales	
Yaganes	
Mapuches o araucanos	

3. Y en los países asiáticos, ¿cuál es la relación que se tiene con los mayores?

_____

4. ¿Qué tipo de relación tienes con tus abuelos? ¿Y con los mayores que conoces? ¿Los respetas?

_____

¿LO SÉ TODO? (AUTOEVALUACIÓN)

Lectura	¿Qué es un *blog*?	¿Dónde puedo encontrar *blogs* para leer?	¿Qué aprendí en el "*Blog* de Zezé"?
Escritura	¿Sé escribir un "emilio"?	¿Qué lenguaje uso a la hora de hablar con mi abuelo en internet?	¿Qué abreviaturas puedo usar en un "emilio"?
Escucha	¿Sobre qué tipos de electrónicos habla el reportaje?	¿Conozco las tecnologías antiguas?	¿Qué aprendí al escuchar los sonidos de algunos monosílabos?
Habla	¿Cómo se canta "Cumpleaños Feliz"?	¿Sé hablar al teléfono?	¿Qué le dije a mi abuela por teléfono?
Gramática	¿Cómo se forma el gerundio de los verbos?	¿Qué regla aprendí sobre la acentuación de los monosílabos?	¿Para qué uso el gerundio?
Vocabulario	¿Qué tipos de aparatos tecnológicos he conocido aquí?	¿Qué abreviaciones de internet he aprendido?	¿Cómo se expresa la carcajada a la hora de escribirla?
Cultura	¿Cómo se relacionan los asiáticos con los mayores?	¿Las relaciones con los mayores son de la misma forma en las culturas primitivas?	¿Cómo me relaciono con los mayores en mi cultura?
Reflexión	¿Respeto a los mayores?	¿Cómo trato a mis abuelos?	¿Soy un(a) buen(a) nieto(a)?

GLOSARIO VISUAL

Palabras en contexto

- Oiga abu, ¡qué falta me hace usted! ¿Cómo está la salud?
- Hola, nena, ¡mejor ahora que hablo contigo! ¿Cuándo vas a venir de vacaciones? Tu habitación ya está lista, esperándote...
- El 20 de diciembre, para Navidades. Tengo tantas ganas de irme a su casa.
- También te echo de menos, cariño. Dios te bendiga, chiquitita.
- Gracias, abu. ¡Hasta pronto!

Palabras en imágenes

- yuca
- galletas
- bastón
- móvil

6

Opinar y cantar: generaciones, encuentros, desencuentros...

AÑOS 1950

AÑOS 1960

AÑOS 1970

2000/2010

En esta unidad...

... reflexionaremos sobre las diferencias entre las generaciones, conoceremos a algunas bandas y cantantes que marcaron sus décadas, y aprenderemos más estructuras para dar nuestras opiniones. Al final podremos contestar a las preguntas: ¿Soy un buen argumentador? ¿Me llevo bien con mis padres?

AÑOS 1980

AÑOS 1990

¡Para empezar!

Una generación se compone por personas que nacieron en años próximos. Tus abuelos, tus padres y tú son de generaciones diferentes. Los cambios generacionales influyen desde en el modo de vestir y de hablar, hasta en los ritmos musicales, los juguetes y los programas para divertirse que a uno le gustan.

1. Carlos tiene 40 años, es brasileño y fan de música, especialmente el *rock*. Ha seleccionado para la fiesta de 15 años de su hija lo que para él representaría los iconos musicales de cada década, pero se olvidó de las dos últimas generaciones.
Echa un vistazo en las fotos que él puso, investiga quiénes son los cantantes o grupos musicales de cada una y completa el último recuadro con fotos del cantante o del grupo que para ti representaría la música de las generaciones de los años 2000 y 2010.

2. A veces las generaciones se conocen muy poco... No saben los gustos, las esperanzas, los deseos unas de las otras. ¿Crees que existen conflictos entre las generaciones? ¿Vives algún conflicto con tus padres o abuelos?

Transversalidad
Aquí el tema transversal es la cuestión del respeto a los padres y personas mayores. Además, se reflexiona sobre los conflictos de generaciones, muy comunes en la adolescencia.

Género textual
- Artículo de opinión

Objetivo de lectura
- Identificar el argumento de la autora para defender su opinión.

Tema
- Los abuelos-padres

Lectura

Almacén de ideas

Contesta oralmente:

1. ¿Tienes abuelos? ¿Cómo es la relación entre tus padres y tus abuelos?

2. ¿Conoces a familias en que los abuelos fueron los que criaron a los nietos? ¿Así pasó contigo?

3. En el artículo que vas a leer, Pilar Rahola habla sobre los abuelos-padres y dice lo siguiente:

> Hay una gran diferencia entre disfrutar de los nietos y tener que hacer de padres por segunda vez.

Por su opinión, ¿crees que ella está a favor o en contra el hecho de que los abuelos cuidan a los nietos para sus hijos?

Red (con)textual

Lee el siguiente artículo de opinión. Tu objetivo de lectura es subrayar la frase en que se identifica el argumento más fuerte de la autora para defender su opinión.

Los abuelos-padres

Hay una gran diferencia entre disfrutar de los nietos y tener que hacer de padres por segunda vez

Artículos | 26/07/2011 – Pilar Rahola

No quería que acabara julio sin hacer un sincero elogio a los abuelos que, durante el tiempo que los niños no están en la escuela, no son abuelos, sino auténticos sustitutos nuestros. Hace muchos años, en un libro que escribí sobre la pretendida – y no demasiado exitosa – liberación de la mujer, apunté que el resultado de las mujeres emancipadas era una multitud de abuelos cansados, cuyo sobreesfuerzo para cuidar a nuestros hijos traspasaba los límites de la relación abuelo-nieto. Más de una década después no tengo la impresión que este hecho haya mejorado sino que se ha cronificado hasta convertirse en la realidad paralela de nuestras personas mayores. De la misma manera que detrás de la crisis hay muchos padres jubilados que tienen que hacer de red de protección de sus hijos adultos, también son muchos los abuelos que, con su dedicación, permiten que las mujeres trabajemos. Y digo las mujeres porque el peso de los hijos sigue cayendo encima de los hombros femeninos.

Es un hecho que el proceso de inserción de la mujer en el mercado laboral, y las leyes que han ido limando las desigualdades, no han sido acompañadas por un cambio de paradigma en los horarios y en las costumbres. Y es así como hemos cambiado las leyes y hemos feminizado el mercado laboral, pero no hemos facilitado que la revolución femenina implicara un reparto justo de las responsabilidades. Ergo, detrás de una pareja donde los dos trabajan, y con los horarios imposibles que marca el reloj laboral, el peso de los hijos recae a menudo en nuestras personas mayores. Sobra decir que hay abuelos encantados de esta responsabilidad y que tal vez consideran este artículo una queja innecesaria. Pero también es cierto que hay una gran diferencia entre disfrutar de los nietos y tener que hacer de padres por segunda vez. En algunos casos, se trata de un auténtico sobreesfuerzo físico y psíquico, que no siempre resulta fácil a ciertas edades, pero que no pueden evitar.

Al fin y al cabo el amor entre padres e hijos es una trampa mortal que no permite huidas, y es así como nuestros padres no saben decir "no" a ayudarnos con nuestros hijos, sobre todo cuando los periodos de vacaciones imposibilitan otras opciones. Por supuesto este artículo no tiene la solución, más allá de reclamar la tan manida y nada forzada conciliación laboral, que facilitaría enormemente la vida de todos los afectados. Pero como en vacaciones el número de abuelos que hacen de padres aumenta exponencialmente, me ha parecido justo elogiarlos como se merecen. Este es, pues, un artículo de agradecimiento a toda esta gente extraordinaria que, cuando ya tenían el trabajo hecho con nosotros, han vuelto a empezar con nuestros hijos. No siempre les agradecemos la dedicación, tal vez porque no siempre recordamos que lo hacen sin tener ninguna obligación. Lo hacen, sencillamente, porque nos aman.

Sacado de: <www.lavanguardia.com/opinion/articulos/20110726/54191500936/los-abuelos-padres.html>. Acceso el 10 de febrero de 2012.

Vocabulario de apoyo
Pretendido: supuesto, no comprobado.
Emancipado: libre.
Cronificar: hacer crónico algo, especialmente una enfermedad.
Inserción: inclusión, introducción.
Paradigma: ejemplo, modelo.
Manido: trillado, común, sabido.
Exponencialmente: con crecimiento muy rápido.

Tejiendo la comprensión

1. ¿Qué son los abuelos-padres?
   _____
   _____

2. Sabiendo que un artículo de opinión expone ideas sobre un asunto para intentar comprobar un punto de vista, piensa: ¿cuál es la opinión de la autora sobre la existencia de los abuelos-padres? ¿Qué argumentos usa para comprobar su opinión?
   _____
   _____
   _____

3. La autora afirma que "hay una gran diferencia entre disfrutar de los nietos y tener que hacer de padres por segunda vez". ¿Cuáles son esas diferencias?
   _____
   _____

4. Para la autora, ¿existe efectivamente igualdad de funciones entre hombres y mujeres? ¿Por qué?
   _____
   _____
   _____

5. ¿Por qué la articulista afirma ser importante hacer un elogio a los abuelos?
   _____

6. Se puede decir que un artículo de opinión es un texto subjetivo, que expresa lo que piensa alguien sobre algún asunto. ¿Qué marcas lingüísticas se pueden sacar de ese texto que señalan esa subjetividad?
   _____
   _____

7. En los artículos de opinión, el/la articulista orienta su discurso y hace uso de algunas expresiones que tienen la función de colaborar con la orientación argumentativa del texto. Observa el uso de la locución adverbial **sobre todo** en la siguiente oración:

   > Al fin y al cabo el amor entre padres e hijos es una trampa mortal que no permite huidas, y es así como nuestros padres no saben decir "no" a ayudarnos con nuestros hijos, **sobre todo** cuando los periodos de vacaciones imposibilitan otras opciones.

   ¿Cuál es el énfasis que se da cuando se elige el uso de **sobre todo** en el pasaje del texto?
   _____
   _____
   _____

Gramática en uso

Conjunciones

En los textos y especialmente en los artículos de opinión, las conjunciones son muy útiles para garantizar la coherencia y cohesión de un texto, estableciendo relaciones de diversos tipos entre las oraciones. Actúan como organizadores textuales que pueden expresar, entre otras ideas, oposición y conclusión.

1. Observa las siguientes oraciones y las conjunciones subrayadas. Después, escribe el número de la idea que cada una expresa.

   (1) oposición   (2) conclusión

Idea	Conjunciones
	"Al fin y al cabo el amor entre padres e hijos es una trampa mortal que no permite huidas..."
	"... no tengo la impresión que este hecho haya mejorado sino que se ha cronificado hasta convertirse en la realidad paralela de nuestras personas mayores."
	"... hemos cambiado las leyes y hemos feminizado el mercado laboral, pero no hemos facilitado que la revolución femenina implicara un reparto justo de las responsabilidades."
	"Este es, pues, un artículo de agradecimiento a toda esta gente extraordinaria..."

2. En el artículo de opinión que leíste hay dos conjunciones de ideas opuestas que marcan la importancia de una frase sobre la otra: **pero** y **sino**. Sin embargo, sus usos en los textos son distintos y no se puede usar uno en el lugar del otro. Observa las siguientes oraciones e intenta completar las reglas.

   > No quería que acabara julio sin hacer un sincero elogio a los abuelos que, durante el tiempo que los niños no están en la escuela, no son abuelos, **sino** auténticos sustitutos nuestros. [...]
   >
   > [...] Más de una década después no tengo la impresión que este hecho haya mejorado **sino** que se ha cronificado hasta convertirse en la realidad paralela de nuestras personas mayores. [...]
   >
   > [...] Y es así como hemos cambiado las leyes y hemos feminizado el mercado laboral, **pero** no hemos facilitado que la revolución femenina implicara un reparto justo de las responsabilidades.
   >
   > [...] **Pero** también es cierto que hay una gran diferencia entre disfrutar de los nietos y tener que hacer de padres por segunda vez. [...]
   >
   > [...] **Pero** como en vacaciones el número de abuelos que hacen de padres aumenta exponencialmente, me ha parecido justo elogiarlos como se merecen.[...]

   El conector _____ se usa para presentar una nueva información que contrasta con otra anterior, pero no la niega ni la corrige.

   El conector _____ se usa para negar o corregir una parte de la información presentada anteriormente y sustituirla.

3. En el último párrafo del artículo de opinión se usan las conjunciones **al fin y al cabo** y **pues**. Ya sabemos que en ese contexto, ellas expresan idea de conclusión. Contesta:

   a) ¿Por qué se elige empezar el último párrafo con la expresión **al fin y al cabo**?

   _____

   b) De las siguientes conjunciones, circula la que NO se puede sustituir por **al fin y al cabo**:

   en fin   en resumidas cuentas   después de todo   pues

La conjunción **pues**, cuando aparece entre comas, se usa para concluir una idea. No se puede empezar un párrafo, o sea, introducir una información de conclusión con esa conjunción. Por el contrario, sí se puede empezar por **en fin**, **en resumidas cuentas** y **después de todo**.

4. A practicar lo que aprendiste sobre los usos de las conjunciones que expresan conclusión y oposición. Rellena los huecos con **pero, sino, pues, al fin y al cabo**.

   Hoy es una fecha especial, _____ en general muy olvidada. ¡Es el Día de los Abuelos! Muchos de ellos tienen que hacer de papás de sus nietos, porque alguien tiene que responsabilizarse por la educación de los niños mientras las madres y los padres trabajan. Esta fecha es, _____ , muy importante. Hay que celebrarla. Sin embargo, ni todos tienen abuelos y abuelas vivos y con salud. En el caso de que seas uno de los afortunados, aprovecha y bendice a la vida por ese fabuloso regalo. Si tus abuelos no estén tan saludables, que esta no sea una prueba de sufrimiento, _____ de amor y dedicación. _____, a saludar a los que amas.

   Véase también el **objeto educacional digital** "Conjunciones".

Vocabulario en contexto

1. El artículo de opinión habla sobre la familia. ¿Qué palabras se relacionan con ese campo de significado? Entresácalas del texto.
   _____

2. ¿Qué otras palabras del léxico de la familia conoces? ¿Recuerdas lo que estudiaste en el libro del 6º año? ¡A jugar al bingo! El (la) profesor(a) va a leer cuatro palabras del léxico de la familia. Tú tienes que escribir las que imaginas que tu profesor(a) va a decir. Gana el que acierte más.

BINGO DE LA FAMILIA			

3. ¿Conoces las etapas del ser humano? Relaciónalas con los dibujos.
   a) Bebé
   b) Niño(a)
   c) Adolescente
   d) Adulto(a)
   e) Anciano(a)

4. En el artículo, se usa otra expresión que significa lo mismo que la palabra **ancianos**. ¿Qué expresión es esa?
   _____

Escritura

Conociendo el género

1. Señala las opciones en que se identifican características del artículo de opinión:
   - ( ) Uso de lenguaje subjetivo marcado por la primera persona.
   - ( ) Defensa de un punto de vista a partir de argumentos.
   - ( ) Estructura fija, sin un estilo propio del articulista.
   - ( ) Identificación del articulista a través de su firma.
   - ( ) Ausencia de título sobre la temática a desarrollarse.
   - ( ) Circula en periódicos y revistas generalmente.

2. Una característica de los artículos de opinión es el uso de temas polémicos para defender o rechazar. Discute y señala en la lista a continuación qué consideras como tema polémico.
   - ( ) política   ( ) estudio   ( ) deporte   ( ) religión

Género textual
- Artículo de opinión

Objetivo de escritura
- Defender un punto de vista sobre asuntos polémicos.

Tema
- Relación padres-hijos

Tipo de producción
- Individual

Lectores
- Lectores del periódico *La vanguardia*

Gramática en uso

Expresar opinión y argumentar

Hay algunas estructuras en español para expresar la posición de alguien sobre determinado asunto. Son estructuras típicas para defender puntos de vista.

1. Observa las preguntas a continuación:
   - ¿Estás a favor o en contra del uso de pieles de animales en ropas?
   - ¿Estás a favor o en contra del uso de tatuajes y *piercings*?
   - ¿Qué opinas? ¿A favor o en contra de la experimentación con animales en los laboratorios?

   a) ¿Cuáles son las expresiones que se usaron para dar o preguntar la opinión?
   _____

   b) ¿Cómo contestarías a esas preguntas? Elige las siguientes estructuras para expresar tu opinión:
   - Estoy totalmente a favor de…
   - Mi opinión sincera: estoy en contra de…
   - Ni en contra ni a favor. Pero…

   _____

Además de tener una opinión, es necesario saber cómo argumentar. ¡A aprender un poco más sobre argumentación!

Si quieres ordenar tus ideas, puedes usar: **primero**, **segundo**, **por un lado**, **por otro lado**, **después**, **luego**, **en fin**.

Si quieres añadir cosas, puedes usar: **además**, **y**.

Si quieres contraargumentar, puedes usar: **en cambio**, **por el contrario**, **sin embargo**.

Si quieres reformular algo y explicarlo, puedes usar: **o sea**, **es decir**, **esto es**, **en otras palabras**.

Planeando las ideas

La temática de tu artículo de opinión se basará en la viñeta a continuación. Léela:

Sacado de: <http://4.bp.blogspot.com/_VV3R3t0J97I/TRXPocku9UI/AAAAAAAAmE/jATmU95dXG4/s1600/Padres+e+hijos.jpg>. Acceso el 13 de octubre de 2011.

Oralmente, discutan entre sí la siguiente afirmación:

> El excesivo uso de internet perjudica la relación entre padres e hijos.

¿Estás a favor? ¿Estás en contra? ¿Por qué?

Taller de escritura

Imagínate que te invitaron a escribir un artículo de opinión en el periódico La Vanguardia, así como lo hizo Pilar Rahola. En el espacio a continuación, escribe tu tesis y por lo menos dos argumentos que la comprueban. Después, en una hoja a parte, elabora tu artículo de opinión.

_____
_____
_____
_____
_____

¡Ojo!

En tu artículo de opinión, puedes hacer uso de las conjunciones que hemos estudiado y de las estructuras de argumentación.

(Re)escritura

1. Cambia tu artículo de opinión con tu compañero(a). Vas a comprobar si el texto: tiene título y nombre; presenta la tesis: a favor o en contra de la temática; argumenta para defender la opinión.

2. Antes de enviar tu artículo al periódico para publicación, es necesario sacar las dudas de vocabulario, buscar las palabras en el diccionario y corregir las estructuras gramaticales. Puedes consultar la "Chuleta lingüística" al final del libro.

Escucha

¿Qué voy a escuchar?

1. ¿Conoces al cantante español Enrique Iglesias? Su padre también es un famoso cantante, llamado Julio Iglesias. ¿Lo conoces? ¿Sabes de dónde son?

2. ¿Qué significa la palabra **quizás**? Búscala en el diccionario.

3. Vas a escuchar la canción que Enrique le hizo a Julio. ¿Qué esperas escuchar en una canción que lleva el título "Quizás" hecha por un hijo a su padre?

Escuchando la diversidad de voces

🎧 13 La canción "Quizás", de Enrique Iglesias, está desordenada. Escúchala y organiza sus estrofas. Observa que hay algunas que se repiten.

☐ Yo por mi parte no me puedo quejar,
trabajando como siempre igual,
aunque confieso que en mi vida
hay mucha soledad.

☐ Hola viejo dime cómo estás,
hay tantas cosas que te quiero explicar,
porque uno nunca sabe si mañana está aquí.

☐ ☐ Hola viejo dime cómo estás,
los años pasan no hemos vuelto a hablar
y no quiero que te pienses
que me he olvidado de ti.

☐ ☐ ☐ Quizás, la vida nos separe cada día más,
quizás, la vida nos aleje de la realidad,
quizás, tú buscas un desierto, y yo busco un mar,
quizás, que gracias a la vida hoy te quiero más.

☐ A veces hemos ido marcha atrás
y la razón siempre querías llevar,
pero estoy cansado,
no quiero discutir.

☐ ☐ En el fondo tú y yo somos casi igual
y me vuelvo loco solo con pensar.

Enrique Iglesias. Quizás. In: *Quizás* (CD). Universal Music Latino, 2003.

Género textual
- Canción

Objetivo de escucha
- Ordenar las estrofas.

Tema
- Relación padres-hijos

A quien no lo sepa

Julio Iglesias es un cantante español conocido internacionalmente por sus canciones románticas. Ha vendido muchos discos y CD.

Enrique Iglesias, su hijo, siguió la misma carrera. Compone y canta músicas pop.

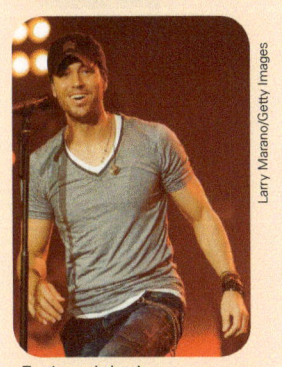

Julio Iglesias

Enrique Iglesias

Comprendiendo la voz del otro

1. ¿De qué trata la canción?
   _____
   _____

2. ¿Por qué el "yo lírico" dice que no quiere discutir?
   _____

3. ¿Al "yo lírico" le gusta pelear con su padre? Busca versos que comprueben tu respuesta.
   _____
   _____

4. Y a ti, ¿te gusta estar mal con tus padres?
   _____

5. Busca en la canción un verso que compruebe la importancia de estar bien con las personas que amamos y piensa: ¿qué debe hacer el cantante para llevarse bien con su padre?
   _____
   _____

Oído perspicaz: el español suena de maneras diferentes

Diptongos y hiatos. Acentuación de hiatos

1. ¿Sabes qué son diptongos e hiatos? Usa tus conocimientos previos de las clases de portugués para identificar a cuál de ellos se refieren las reglas.

Cuando hay dos vocales contiguas en una misma sílaba se dice que forman _____.
Entresacamos de la canción "Quizás" algunos versos; en ellos algunas palabras tienen diptongo:
Hola **viejo** dime cómo estás (vie-jo)
hay tantas cosas que te **quiero** explicar (quie-ro)
yo por mi parte no me **puedo** quejar (pue-do)

Cuando hay dos vocales contiguas pero cada una pertenece a una sílaba diferente se dice que constituyen un _____. Observa otros dos versos de la misma canción:
Quizás, la vida nos separe cada **día** más (dí-a)
y la razón siempre **querías** llevar (que-rí-as)

En los diptongos intervienen, casi siempre, una vocal fuerte (**a**, **e**, **o**) y una vocal débil (**i**, **u**). Puede aparecer primero la fuerte y luego la débil (peine) o al revés, primero la débil y luego la fuerte. Los tres diptongos de los ejemplos son de este segundo tipo: viejo, quiero, puedo.

En los hiatos pueden combinarse dos vocales fuertes (po-e-ta) o una vocal fuerte y una débil (dí-a, a-hí). Las vocales débiles de los hiatos llevan siempre acento ortográfico (tilde): día, querías, ahínco, dúo, búho.

2. En las siguientes palabras, entresacadas de la sección "Lectura", subraya con una línea los **diptongos** y, con dos, los **hiatos**. Pon la tilde sobre las vocales débiles (**i, u**) de los hiatos:

a) queria
b) julio
c) elogio
d) abuelos
e) tiempo
f) escuela
g) nuestros
h) facilitaria
i) tenian

Gramática en uso

Uso de los adverbios de duda

1. Relee el refrán de la canción:

   > Quizás, la vida nos separe cada día más,
   > quizás, la vida nos aleje de la realidad,
   > quizás, tú buscas un desierto, y yo busco un mar,
   > quizás, que gracias a la vida yo te quiero más.

   a) Has visto que la palabra **quizás** significa, en portugués, *talvez*. Además de su función de generar ritmo por la repetición del sonido al inicio de los versos, ¿qué significado expresa esa repetición?
   _____
   _____

   b) Explica los versos "Quizás, que gracias a la vida yo te quiero más" y "Quizás, la vida nos separe cada día más". ¿Son contradictorios estos versos? ¿Por qué?
   _____
   _____

2. Para expresar duda, se puede usar también el conector **tal vez**. Entre los adverbios a continuación, circula el que **no** expresa una duda:

   posiblemente   probablemente   casi

3. Reflexiona sobre la relación que tienes con tus familiares. Puedes, también, pensar en los conflictos de generaciones. Ahora, escribe cuatro versos completando las frases:

   Quizás _____
   Tal vez _____
   Posiblemente _____
   Probablemente _____

Género textual
- Rueda de discusiones

Objetivo de habla
- Exponer dudas y opiniones.

Tema
- Conflicto de generaciones en dos canciones

Tipo de producción
- En conjunto

Oyentes
- Compañeros de clase

■ Habla

Lluvia de ideas

¿Pensaste alguna vez en los conflictos entre padres e hijos? Pues bien, ese es el tema de diversas canciones en varias lenguas. Seleccionamos dos canciones sobre el asunto (una canción en portugués y otra en español). ¡A pensar en la relación padres-hijos! Lee estas canciones y lista lo que para ti es esencial para que hijos y padres se entiendan y se lleven bien.

Pais e Filhos

Legião Urbana

Estátuas e cofres
E paredes pintadas
Ninguém sabe o que aconteceu
Ela se jogou da janela do quinto andar
Nada é fácil de entender.

Dorme agora:
É só o vento lá fora.
Quero colo
Vou fugir de casa
Posso dormir aqui
Com vocês?
Estou com medo tive um pesadelo
Só vou voltar depois das três.

Meu filho vai ter
Nome de santo
Quero o nome mais bonito.

É preciso amar as pessoas
Como se não houvesse amanhã
Porque se você parar pra pensar,
Na verdade não há.

Me diz por que o céu é azul
Me explica a grande fúria do mundo
São meus filhos que tomam conta de mim

Eu moro com a minha mãe
Mas meu pai vem me visitar
Eu moro na rua, não tenho ninguém
Eu moro em qualquer lugar
Já morei em tanta casa que nem me lembro mais
Eu moro com meus pais.

É preciso amar as pessoas
Como se não houvesse amanhã
Porque se você parar pra pensar,
Na verdade não há.

Sou a gota-d'água
Sou um grão de areia
Você me diz que seus pais não entendem
Mas você não entende seus pais.
Você culpa seus pais por tudo
E isso é absurdo
São crianças como você.
O que você vai ser
Quando você crescer

Dado Villa-Lobos; Renato Russo; Marcelo Bonfá. Intérprete: Legião Urbana. CD *As quatro estações*, 1989. Banda 2.

No basta

No basta
traerlos al mundo porque es obligatorio
porque son la base del matrimonio
o porque te equivocaste en la cuenta

No basta con llevarlos a la escuela a que
aprendan porque la vida cada vez es más dura
ser lo que tu padre no pudo ser
no basta que de afecto tú le has dado
bien poco todo por culpa del maldito
trabajo y del tiempo

No basta
porque cuando quiso hablar de un problema tú
le dijiste niño será mañana es muy tarde, estoy
cansado

No basta
comprarle todo lo que quiso comprarse
el auto nuevo antes de graduarse
que viviera lo que tú no has vivido
no basta con creerse un padre excelente
porque eso te dice la gente
a tus hijos nunca les falta nada

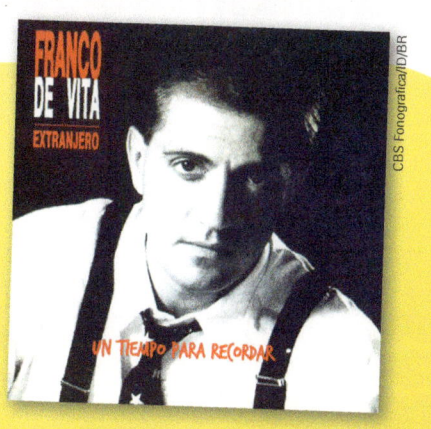

No basta
porque cuando quiso hablarte de sexo
se te subieron los colores al rostro y te fuiste
no basta porque de haber tenido un problema
lo habría resuelto comprando en la esquina lo
que había, ciertamente porquería.

No basta con comprarle curiosos objetos
no basta cuando lo que necesita es afecto
aprender a dar valor a las cosas
porque tú no le serás eterno
no basta castigarlo por haber llegado tarde
si no has caído ya tu chico es un hombre
ahora más alto y más fuerte que tú que tú.

Franco de Vita. CD *Extranjero*, 1990.

_____
_____
_____

Rueda viva: comunicándose

Vas a hacer una rueda de discusiones. Cada uno va a compartir entre todos las cosas que apuntó en la lista y pensarán juntos: ¿qué tipo de conflictos existen entre padres e hijos? ¿Por qué existen? ¿Qué hacer para que esos conflictos no sean perjudiciales a las relaciones?

¡A concluir!

En tu grupo, ¿cuáles son los conflictos que más aparecieron? Registra en un párrafo lo que más te impresionó y te llamó la atención.

_____
_____

A quien no lo sepa

Legião Urbana es una banda de *rock* muy conocida en Brasil en los años 1980. Su vocalista, Renato Russo, ya se murió, pero dejó en sus letras de canción muchas reflexiones sobre la vida, lo que les encanta a los adolescentes hasta hoy día. Si quieres saber más sobre Renato Russo, accede al sitio <www.renatorusso.com.br>. Aceso el 13 de febrero de 2012.

Franco de Vita es un cantante y compositor venezolano que forma parte de la generación de músicos de pop *rock* de los años 1970. Para conocerlo más, puedes acceder a su sitio electrónico <www.francodevita.com>. Aceso el 13 de febrero de 2012.

CULTURAS EN DIÁLOGO

nuestra cercanía

1. ¿Sabías que en todo el mundo hay un día dedicado a los padres? No siempre se celebra en la misma fecha. En Nicaragua, es el día 23 de junio; en Guatemala, el 17 de junio; y en España, el 19 de marzo. En Brasil ¿cuándo se celebra el Día del Padre?
   _____

2. ¿Por qué es importante celebrar ese día? ¿Cómo lo haces en tu casa?
   _____
   _____

3. Lee la siguiente tira cómica de Gaturro:

Sacado de: <http://3.bp.blogspot.com/_SbZPf-0lwSs/TC0jOR5M_bI/AAAAAAAAAIO/UlvJSktAgCO/s400/gaturro>. Acceso el 20 de septiembre de 2011.

En todas las culturas hay padres jóvenes, mayores, cariñosos, que están cerca, que están lejos y que, desafortunadamente, ya se fueron. Pero hay también familias que tienen sus padres ausentes por diversos motivos. Escribe un mensaje de apoyo a los niños y niñas que no tienen padres, pero que desean ser buenas madres y buenos padres cuando sean mayores.

¿LO SÉ TODO? (AUTOEVALUACIÓN)

Lectura	¿Qué son los abuelos-padres?	¿Qué es un artículo de opinión?	¿Estoy a favor o en contra del diálogo de generaciones?
Escritura	¿Qué es una polémica?	¿Cómo escribir un artículo de opinión?	¿Qué papel cumplen los argumentos en un artículo de opinión?
Escucha	¿Quiénes son Enrique y Julio Iglesias?	¿De qué trata la canción "Quizás"?	¿Sé reconocer palabras que tienen diptongo e hiato en la escucha?
Habla	¿Qué pienso yo sobre el conflicto entre generaciones?	¿Qué tal se llevan mis compañeros de clase con sus padres?	¿Qué hacer para que los conflictos no sean perjudiciales a las relaciones?
Gramática	¿Sé usar bien los conectores en español?	¿Qué significa **al fin y al cabo**, **quizás** y **tal vez**?	¿Cuales son las estructuras de argumentación para defender los puntos de vista?
Vocabulario	¿Qué palabras conozco sobre el vocabulario de familia?	¿Qué significa la expresión "persona mayor"?	¿Cuáles son las etapas del ser humano?
Cultura	¿Cuándo se conmemora el Día de los Padres en Brasil?	¿Y en otros países?	¿Para qué sirven fechas como esa?
Reflexión	¿Conozco a mis abuelos y mis padres?	¿Qué sé yo sobre sus vidas?	¿Soy un buen nieto y un buen hijo? ¿Por qué?

GLOSARIO VISUAL

Palabras en contextos

— Hola, Carlos, ¿adónde fuiste el sábado? Te llamé por teléfono y no me contestaste…

— Hola, Cristina, es que fui al cine con mi abuela. Ella es fantástica, me llevó a ver una peli de su época que han remasterizado.

— ¡Ah sí! ¿Y qué tal la experiencia de ver una película antigua?

— Fue maravilloso. No sabía que en la década de 1960 hubo tantos acontecimientos importantes, ¿lo comprendes?

Palabras en imágenes

tatuaje

rostro

Repaso: ¡juguemos con el vocabulario y la gramática!

Unidades 5 y 6

Individual

Busca en la sopa de letras nombres de cinco partes de la casa.

S	X	H	A	E	T	J	J	S	Y	M	V	A	I	Y
D	P	A	B	N	S	A	L	Ó	N	H	U	U	F	A
P	L	O	Q	K	Q	G	H	Q	R	J	T	K	V	P
K	Y	H	A	I	S	X	G	I	P	T	Y	H	B	U
F	E	A	S	O	I	B	F	C	W	F	E	A	N	D
S	F	B	Q	G	R	Z	A	X	A	E	W	E	M	A
R	R	I	W	F	T	P	E	Ñ	Q	D	S	C	I	E
U	D	T	D	R	L	A	S	H	O	C	O	V	K	O
I	C	A	J	S	M	I	W	J	Z	P	P	I	T	Q
O	V	C	C	A	N	U	O	N	C	X	K	O	D	Y
P	U	I	B	Q	C	O	M	E	D	O	R	E	Z	R
W	I	Ó	N	W	B	W	L	X	V	B	P	W	Q	T
Q	O	N	L	T	G	V	T	Y	B	O	U	S	X	N
F	P	G	M	V	C	O	C	I	N	A	Y	Q	V	B
A	L	X	V	B	O	Z	R	T	K	Z	L	Z	O	C

En parejas

¡Te mudaste de barrio! Redacta un *e-mail* a un amigo invitándole para una fiesta en tu nueva casa. Le toca a tu compañero redactar un e-mail en respuesta, confirmando la presencia en la fiesta. Imagínate que el libro didáctico es la pantalla. En tu libro redactarás el invite y tu compañero redactará la respuesta en su libro.

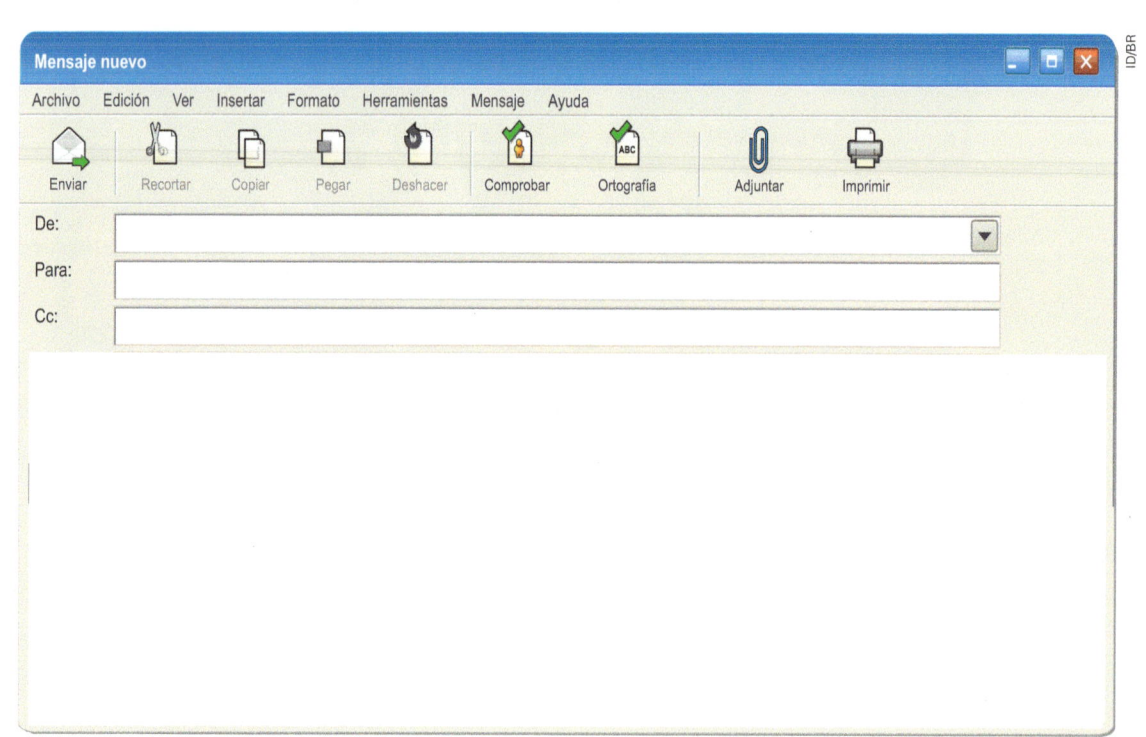

Mensaje nuevo

Archivo Edición Ver Insertar Formato Herramientas Mensaje Ayuda

Enviar Recortar Copiar Pegar Deshacer Comprobar Ortografía Adjuntar Imprimir

De:
Para:
Cc:

En tríos

¡A comprobar la memoria y los conocimientos sobre las nuevas tecnologías! Copia el juego a seguir y juega con cuatro amigos. A ver quién es el "memorioso" de la pandilla.

	Enviar un correo electrónico		Acceder a internet
Conectarse al diario virtual		Enviar un mensaje por el móvil	
	Usar la computadora / el ordenador	Buscar informaciones	
Chatear con los amigos			Abreviar textos con emoticonos
	Ver videos	Pulsar en sitios o páginas web	

ciento veintiuno 121

7

Horóscopo y valentines: me querrá, no me querrá...

En esta unidad...

... conoceremos el Día de San Valentín. Además, reflexionaremos sobre las relaciones de amistad y de amor en la adolescencia. Luego, leeremos horóscopos, que hacen predicciones para el futuro, e intentaremos contestar a las preguntas: ¿Es amor o amistad? ¿Me gusta leer horóscopos?

¡Para empezar!

Observa las imágenes sobre el Día de San Valentín. Luego, contesta a las preguntas:

1. ¿Qué se celebra en el Día de San Valentín? ¿Cuándo se celebra?
2. ¿Cuál es el papel de las fechas conmemorativas?
3. ¿Te parece importante que exista una fecha para conmemorar el amor y la amistad?
4. En tu opinión, ¿las fechas conmemorativas son más comerciales o más sentimentales?
5. En la actualidad el 14 de febrero, Día de San Valentín, se celebra mediante el intercambio de notas de amor conocidas como "valentines", con símbolos como el corazón o el Cupido, aunque con la internet se ha extendido la costumbre de intercambiar postales virtuales. ¿A quién le enviarías un "valentín"? ¿Por qué?

Transversalidad

Aquí el tema transversal es la cuestión del respeto a los compañeros y la importancia de la amistad. Pluralidad cultural.

ciento veintitrés 123

Género textual
- Horóscopo

Objetivo de lectura
- Verificar las predicciones para el propio signo.

Tema
- Futuro

Lectura

Almacén de ideas

1. ¿Sabes cómo se dicen en español los nombres de los signos del zodíaco? Sabes qué día del mes marca su inicio y su fin? ¿Conoces los símbolos de cada uno? A continuación, se exponen esos datos. Pregúntales a los compañeros las fechas de nacimiento, los signos, investiga y rellena los recuadros a continuación:

22 de marzo a 20 de abril	21 de abril a 20 de mayo	21 de mayo a 20 de junio	21 de junio a 22 de julio
23 de julio a 22 de agosto	23 de agosto a 22 de septiembre	23 de septiembre a 22 de octubre	23 de octubre a 21 de noviembre
22 de noviembre a 21 de diciembre	22 de diciembre a 19 de enero	20 de enero a 18 de febrero	19 de febrero a 21 de marzo

2. Lee lo que dicen dos jóvenes sobre el horóscopo:

> Lo que más me molesta de quien cree en los horóscopos es que no se sienten responsables de sus acciones. Siempre está diciendo que lo que les pasa no depende de ellos sino de las estrellas. ¡Qué cómodo!
>
> Ricardo, Ciudad Real (España)
>
> A mi hermana y a mí nos encanta leer el horóscopo por la noche y ver si coincide con lo que nos ha pasado durante el día. Nos reímos mucho de todas las paparruchas que escriben pero nos hacen mucha gracia y picamos siempre.
>
> Alex, Dunoon (Reino Unido)
>
> *Todos Amigos*, año XI, n. 1, septiembre-octubre de 1995.

a) ¿Quién está a favor y quién está en contra del horóscopo? ¿Quién te parece que tiene la razón? ¿Ricardo o Alex? Explícalo.
_____
_____

b) Y tú, ¿te fías de las informaciones que te da tu signo zodiacal? ¿Por qué?
_____
_____

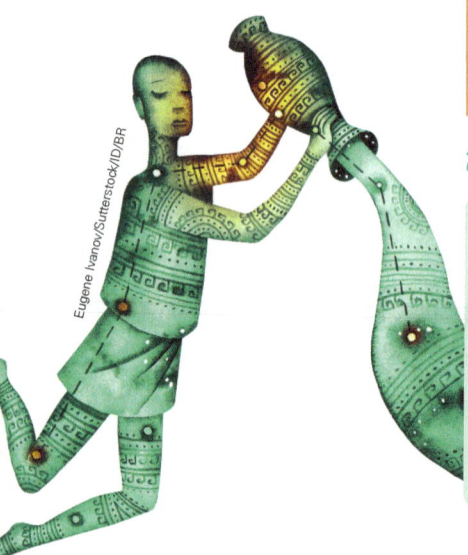

Red (con)textual

Mira este horóscopo de *Tu Revista*, escrita para el público adolescente. Tu objetivo central es identificar tu signo y leerlo con atención. Después, lee los otros signos.

Tauro
[21 de abril al 20 de mayo]
Te apoyarás en experiencias del pasado para cambiar algunos hábitos de salud y planes a largo plazo. En el camino a tu vocación, aprenderás a conocerte mejor, ¡bien! Tus amigos soñadores te ayudarán a renacer algunas esperanzas que creías perdidas. Divertite.

Géminis
[21 de mayo al 20 de junio]
La amistad sigue siendo fuerte. Harás nuevos BF y estarás cerca de los viejos. Es probable que pospongas algunos planes de diversión, en estos momentos es mejor concentrarse en los deberes. Tu intuición estará un poco cambiante.

Cáncer
[21 de junio al 22 de julio]
Hay obligaciones que cumplir, pero te sentirás fuerte con ellas. Hablá con tu familia o novio para que comprendan que el tiempo dedicado a tus estudios o trabajo será muy productivo y rendirá frutos a futuro. En la próxima quincena notarás avances y premios.

Leo
[23 de julio al 22 de agosto]
Se inicia una nueva etapa en cuanto a tu vocación, estás más cerca de ella. Conocerás tus talentos y virtudes y los aplicarás en un ámbito distinto. En cuanto a la comunicación, pensarás mejor tus palabras y serás más diplomática. No descuides tu salud.

Virgo
[23 de agos. al 22 de sept.]
Tu sexto sentido estará fuerte, funcionando sobre todo en el amor y las relaciones con los demás. En el dinero, si bien no hay que gastar tanto en lujos y juegos, tampoco te prives de cosas necesarias o útiles para tu desarrollo escolar. Invertí en tu salud y cuidado personal.

Libra
[23 de sept. al 22 de oct.]
Se afianzan los nuevos amores y las amistades. No te sientas insegura, los demás te aceptan tal como sos. Si alguien te critica, considerá dos opciones: o es broma o es envidia, ¡no hay otra! En casa, procurá fomentar un ambiente tranquilo. La curación se hará presente.

Escorpio
[23 de oct. al 21 de nov.]
No vuelvas a hábitos del pasado que te hacen daño y en cambio equilibrá tu vida, incluyendo diversión y obligaciones en ella. En la comunicación con los demás será directa. Evitá reclamos por errores que ya quedaron atrás (si alguien lo hace así, contestale que has cambiado).

Sagitario
[22 de nov. al 21 de dic.]
Continúan las diversiones, fiestas o invitaciones al por mayor, aunque algunos amigos podrían arruinar el ambiente con su negatividad. No te fíes de los que tienen más experiencia en cosas malas. Llega dinero para atender un asunto divertido. En casa el ambiente mejora.

Capricornio
[22 de dic. al 19 de enero]
Habrá varios dones y regalos en el hogar, que pueden no notarse a causa de la discordia, males entendidos y obligaciones pendientes. Date un respiro y contá lo que tenés en vez de lo que no ¡y hacé de cada día una fiesta festejando lo valioso de la vida! Valorate ya mismo.

Aquario
[20 de enero al 18 de feb.]
Tendrás muchas ideas que comunicar y lo harás bien, en casa y en cole. Antes de planear metas a largo plazo, concentrate más en el presente. Lo que hagas ahora será importante. Terminará de sanar el pasado con tu familia y valorala como es, con errores y virtudes.

Piscis
[19 de feb. al 21 de mar.]
Tu personalidad se fortalece, cuidate de algunos "amigos" ventajeros o "con mala suerte". Con los amigos, es mejor hablar claro, para evitar confusiones. Decir lo que querés realmente te fortalece. La luna nueva del 3 de abril es buena para meditar lo que deseás para el futuro.

Aries
[22 de mar. al 20 de abril]
¡Feliz cumpleaños! La primavera te otorgará dones y estarás en tu elemento. Te sentirás apoyada, pero también con muchos retos, sobre todo en la familia, el amor y las obligaciones escolares. Date tiempo de pensar que querés realmente en estos aspectos.

Tu Revista, Argentina, año 3, n. 32, abril de 2011. Horóscopo, p. 72-73.

Vocabulario de apoyo
Ya mismo: equivale a "ahora mismo".
Cole: es abreviación o apócope de colegio.
Ventajero: lo mismo que "ventajista" (que, en el juego, procura obtener ventaja).

Tejiendo la comprensión

1. ¿Cuál es tu signo? Si no lo sabes, ¿cómo puedes descubrirlo?

2. ¿Cómo valoras las predicciones hechas para él? ¿Saldrías de casa si lo leyeras por la mañana?

3. La revista *Tu Amiga* circuló en la sociedad en el mes de abril. ¿Qué signo es destaque? ¿Qué expresión de las predicciones de ese signo comprueba tu resposta?

4. *Tu Revista* está dirigida al público joven femenino. ¿Qué elementos del horóscopo comprueban esa afirmación?

5. ¿Qué asuntos se pueden tratar en una previsión?

6. ¿Has leído alguna vez tu horóscopo del día en dos periódicos diferentes? ¿Las predicciones eran parecidas? Lee las dos predicciones siguientes para el signo de géminis que se publicó en el mismo día en dos revistas diferentes. Busca similitudes y diferencias entre ambas predicciones.

Géminis
22/5 al 20/6
Con todas las fuerzas cósmicas a su favor. Gran semana en materia de amores y negocios. **Amor**: tendrá que poner las cosas en su lugar, sobre todo si alguien que quiere lo trata en forma inadecuada. Sin demostrar sus altibajos emocionales – que serán muchos – dará consejos oportunos a sus amigos. **Dinero**: ingenioso como siempre, pero mucho, mucho más efectivo. Buscará perfeccionarse, trabajará con eficiencia y se destacará entre sus pares. Los estudiantes, muy bien en sus exámenes. **Clave de la semana**: carisma y empuje son los dones a los que debe recurrir en esta etapa.

La Nación Revista, Argentina, 3 de junio de 2005.

Géminis
21-5//20-6
Ocupaciones y negocios
Desarrollos. Descubre nuevas opciones para hacer negocios. Se hace conocer a través de actividades que destacan su perfil profesional. Ahora que los proyectos al fin se concretan haga realidad sus ambiciones de progreso y mejorará su economía. **Amor** Transformado. Tiene la carta más importante en sus manos: úsela y cambie de actitud. Su pareja es quien se lo pide y un gesto de generosidad supera los obstáculos. La comprensión mejora la relación y da lugar a un proyecto intenso. Juéguese a favor del amor. **Salud** Cambie malos hábitos de alimentación. **Sorpresa** Recupera antiguas relaciones de amistad.

Revista *Viva*, Argentina, 3 de junio de 2005.

Gramática en uso

1. Lee estos dos grupos de frases que se sacaron de los horóscopos que leíste:

> **Grupo 1**
> Hablá con tu familia o novio para que comprendan que el tiempo dedicado a tus estudios será muy productivo y rendirá frutos a futuro.
> Date un respiro y contá lo que tenés en vez de lo qué no, ¡y hacé de cada día una fiesta festejando lo valioso de la vida! Valorate ya mismo.
> No te fíes en los que tienen más experiencias en cosas malas.

> **Grupo 2**
> Tendrás muchas ideas que comunicar y lo harás bien, en casa y en cole.
> Te apoyarás en experiencias del pasado para cambiar algunos hábitos de salud y planes a largo plazo.
> Te sentirás apoyada, pero también con muchos retos, sobre todo en la familia, el amor y las obligaciones escolares.

Ahora, contesta: ¿Qué tiempos y modos verbales aparecen con más frecuencia en esas predicciones? ¿Por qué?

_____
_____

El futuro de indicativo

Viste que en los horóscopos se suelen utilizar con frecuencia los verbos en futuro. El **futuro de indicativo**, además de expresar acciones proyectadas hacia el futuro, expresa la probabilidad en el presente. Así, el futuro se usa para hacer previsiones e hipótesis.

Se suele utilizar marcadores de hipótesis como **a lo mejor**, **quizá(s)**, **tal vez** y **posiblemente** con el **futuro de indicativo**. Ejemplos:

> A lo mejor usted recibirá una llamada importante.
> Quizás tu suerte aparecerá cuando menos esperes.

Véase también el **objeto educacional digital** "Futuro de indicativo".

2. Seguramente, tienes un montón de dudas sobre el presente o el futuro. ¿Mis amigos estarán cenando ahora? ¿Qué pasará mañana? Construye hipótesis usando el futuro de indicativo.

   a) Alguien llama a la puerta… ¿_____ (ser) el cartero?
   b) Mis padres casi no se hablan más. ¿_____ (separarse)?
   c) ¿Cómo se _____ (llamar) tu hermano?
   d) Ana no ha comido nada y le duele la cabeza. ¿_____ (estar) enferma?
   e) Me gustó tanto ese nuevo amigo. ¿_____ (invitarme) a jugar en su casa?

A quien no lo sepa

¿Sabías que el futuro sirve para expresar hechos venideros, que sucederán después de que se enuncien?
En español el futuro puede expresarse de varias maneras. Las más frecuentes son tres:
a) el futuro sintético (*mañana cantaré*);   c) el presente de indicativo (*mañana canto*).
b) el futuro perifrástico (*mañana voy a cantar*);

Género textual
- Horóscopo

Objetivo de escritura
- Verificar la compatibilidad entre signos.

Tema
- Horóscopo del Día de San Valentín

Tipo de producción
- En conjunto

Lectores
- Los enamorados y los amigos

A quien no lo sepa

El horóscopo es una representación gráfica de las posiciones planetarias y se usan cálculos matemáticos y astronómicos para hacer las interpretaciones. Datos como la fecha, la hora y el lugar del nacimiento son necesarios a la hora de predecir el futuro.

Escritura

Conociendo el género

1. ¡A pensar más sobre los horóscopos, pues tendremos que crear uno que hable del amor y de la amistad! Vuelve al horóscopo que leíste en la sección "Lectura" y marca con una X cuáles de esas características aparecen en él:

   (　) Encabezamiento con el título "Horóscopo" y el periodo a que se destina.
   (　) Destaque para el signo del mes.
   (　) Nombres de los signos y fechas de nacimiento a que corresponde cada uno de ellos.
   (　) Nombre del astrólogo responsable por las predicciones.
   (　) Uso del futuro para las predicciones, del imperativo afirmativo y negativo para aconsejar.
   (　) Predicciones divididas por categorías, siendo las más comunes: amor, salud, dinero, trabajo, familia, amistad, suerte.
   (　) Fotos de gente famosa que es del signo del mes y los colores y los numerales de suerte.

2. Observa algunas compatibilidades amorosas entre los de tauro y de acuario que se sacaron del sitio de Yahoo! Astrologia.

   ### Astro compatibilidad
   Tauro & Acuario

   El amor a primera vista es probable, pero ¿puede madurar y transformarse en una aventura amorosa eterna? Acuario tiene ansias de libertad y la mirada puesta en el futuro. El posesivo Tauro obtiene sus placeres de valores inalterables como la tierra, la familia y el pasado. Si el presente los une, es poco probable que avancen juntos por el mismo camino y cada uno se inclinará a mantener su propio carácter. Muy pronto el Toro puede sentirse incomprendido, mientras que Acuario sueña con nuevos horizontes... ¡Pero para el amor todo es posible!

   Sacado de: <www.yahoo.astrocentro.com/yahoosp/ProfileLoveComp.aspx?L5=1&R5=10>. Acceso el 13 de febrero de 2012.

   a) ¿Quién es más posesivo?_____ .
   b) ¿Quién busca más libertad?_____ .
   c) ¿Tauro y acuario son compatibles en el amor?
   _____
   d) ¿Crees en esas informaciones? Si quieres leer más sobre eso o formar otras parejas de signos posibles, accede al sitio <www.yahoo.astrocentro.com/yahoosp/> (acceso el 13 de febrero de 2012) y verifica su compatibilidad.

Planeando las ideas

Vas a hacer de astrólogo del Día de San Valentín. Tu objetivo es contestar a la pregunta: ¿cuál es la persona perfecta para hacer pareja (en el amor o en la amistad) con tu signo? Pero antes, a hacer el test y a planear las ideas.

¿QUÉ SIGNOS TE ATRAEN?

En el amor es muy importante la compatibilidad, por eso te ayudamos a descubrir con qué signos tienes mejor rollito. Ya sabes, ¡no mientas que no vale!

1. Ha sido una semana dura en clase. Llega el viernes y te apetece…
   a) unas partidas a la Wii, unas pizzas… ¡¡Algo tranqui!!
   b) quedarme con el ordenador y viendo una peli.
   c) ¡¡acción!! Lo mejor para olvidarme de los problemas es irme por ahí con los amigos.
   d) salir a tomar algo y hablar por los codos con mis amigos.

2. Es el cumple de tu hermano. ¿Qué te regalas?
   a) Unas zapas nuevas que las que tiene están destrozadas.
   b) El último muñeco friki de su peli preferida.
   c) Entradas para ver a su grupo favorito.
   d) Un día de paintball.

3. Tu madre te lleva de compras y te deja elegir tres cosas. Escoges…
   a) unos patines, una sudadera y unos altavoces para mp3.
   b) el libro que me falta de Crepúsculo, un kit de maquillaje y unas bailarinas.
   c) una carpeta para clase, una peli en versión original y un plumas para invierno.
   d) un diario, entradas para un musical y una webcam.

4. Si te pudieras cargar una asignatura del cole, ¿cuál sería?
   a) "Mates".
   b) Historia.
   c) Dibujo artístico.
   d) Física.

5. ¿Qué es lo que más valoras en una amiga?
   a) Que se le ocurran planes originales y que nunca me aburra con ella.
   b) Que le guste tanto estar fuera de casa como a mí.
   c) Que esté allí cuando de verdad la necesito.
   d) Que siempre sea sincera conmigo. ¡¡Odio las mentiras!!

6. ¿Si tuvieras que elegir uno de los siguientes amuletos cuál sería?
   a) Una piedra.
   b) Un reloj de arena.
   c) Una medalla de mi abuela.
   d) Una moneda antigua.

7. ¿Tienes algún tipo de superstición?
   a) Sí, no puedo ni con los gatos negros, ni con que alguien tire la sal en la puerta. Me pongo de los nervios.
   b) No dejo que me afecten demasiado, pero tengo que reconocer que soy incapaz de abrir un paraguas en un sitio cerrado.
   c) Paso de esas chorradas.
   d) Lo único que me da mal rollo son los gatos negros y que se me rompa un espejo.

8. Ni por todo el oro del mundo…
   a) traicionaría a un amigo para conseguir algo.
   b) cambiaría mi vida por la de otra persona. me encanta ser como soy.
   c) me iría a vivir a una isla desierta. ¡¡Qué aburrimiento!!
   d) estudiaría una carrera científica. Los numeritos y yo no nos llevamos nada bien.

FUEGO (aries, leo y sagitario) 8-13
Eres un torbellino, no paras quieta ni un segundo. El chico que esté a tu lado tiene que ser paciente y muy creativo.

TIERRA (tauro, virgo y capricornio) 14-21
Tu príncipe azul tiene que tener los pies en la tierra y ser muy responsable. Para cabra-loca ya estás tú, ¿no? Jajaja.

AIRE (géminis, libra y acuario) 22-27
Te van los chicos con *mucha, mucha labia*. Si además saben sacarte una sonrisa cuando estás tristona, mejor que mejor.

AGUA (cáncer, escorpio y piscis) 28-32
Si no quieres aburrirte ni un segundo y te va a la fiesta, los chicos de agua son para ti. Con ellos la diversión está asegurada!

RESULTADOS	1	2	3	4	5	6	7	8
A	3	2	1	3	4	2	3	4
B	2	4	4	1	1	1	2	2
C	1	3	2	2	3	4	1	1
D	4	1	1	4	2	3	1	3

Sacado de: <http://www.star2.es>. Acesso el 28 de marzo de 2012.

> **Vocabulario de apoyo**
> El uso de varias abreviaciones o apócopes es vocabulario propio de los jóvenes: "tranqui" (tranquila), "peli" (película), "cumple" (cumpleaños), "zapas" (zapatillas), "cole" (colegio), "mates" (Matemáticas).

El español alrededor del mundo

Algunas palabras del texto son propias de España: rollo (tendencia, inclinación), te apetece (se te antoja), ordenador (computadora), carpeta (fólder), chorrada (necedad, tontería), te va (te gusta), labia (hablar mucho y con cierta gracia).

Ahora que te has puesto a prueba, ¡a planear el horóscopo del Día de San Valentín! Organiza la clase en 12 grupos y cada uno investigará en sitios confiables de internet las características esenciales de un signo y completará la tabla:

		Palabras-clave relacionadas			
Signo					
Color					
Piedra					
Deporte					
Profesión					
Árbol					
Vacaciones					
Hobby					
Elemento					
Se lleva mal con…					
Se lleva bien con…					
Indiferente hacia…					
Planeta dominante	Día de la semana	Perfume	Número asociado	Metal	

Páginas *web* sugeridas: <http://es.astrology.yahoo.com/>; <http://tuenlinea.esmas.com/horoscopos/>; <www.terra.com.ar/horoscopo/>. Accesos el 13 de febrero de 2012.

Taller de escritura

Cada grupo será responsable de un signo y deberá redactar el horóscopo del Día de San Valentín, informándoles a los novios y a los amigos los sucesos de ese día.

___

¡Ojo!

Hay que tener en cuenta las características de los horóscopos, las informaciones que se investigaron para planear las ideas, las estructuras para dar consejos, recomendaciones, expresar probabilidad y hacer predicciones. Además cuídate del tratamiento (si el horóscopo usará el lenguaje formal o informal) según el público meta (los enamorados). Observa que el horóscopo redactado debe contener predicciones, consejos y sugerencias sobre el amor y la amistad, señalando la compatibilidad e incompatibilidad entre signos.

(Re)escritura

Vuelve a tu horóscopo y comprueba si…
- el lenguaje está apropiado al público meta;
- no hay errores gramaticales y ortográficos;
- presenta el periodo de las predicciones;
- obedece con coherencia y cohesión a los objetivos de escritura propuestos.

Vocabulario en contexto

El calendario lunar chino se organiza en ciclos de doce años y cada uno queda representado por un animal.

1. Relaciona el nombre de los animales con sus imágenes en la rueda.
   a) perro   c) caballo   e) buey   g) conejo   i) rata   k) tigre
   b) dragón   d) mono   f) cerdo   h) cabra   j) gallo   l) serpiente

2. Ahora, por tu año de nacimiento, verifica en la rueda qué animal corresponde a tu signo en el horóscopo chino.

Género textual
- Poesía

Objetivo de escucha
- Relacionar imágenes con las palabras declamadas.

Tema
- Amor

■ Escucha

¿Qué voy a escuchar?

En las tarjetas del Día de San Valentín, también se suele escribir poesías (uno las produce o entonces las pide prestadas a un famoso poeta y se las dedica a la persona amada).

Vamos a escuchar una poesía recitada por el propio autor. ¿Sabes qué es una declamación? ¿Participaste alguna vez en una tertulia poética?

Escuchando la diversidad de voces

🎧 14 Escucha la poesía "El Amor" del poeta español Luis García Montero, e intenta relacionar las imágenes a las palabras que oyes.

A quien no lo sepa

Una **tertulia** es una reunión informal y periódica, de gente interesada en un tema, tal como artes y música. En una tertulia o sarao literario se suele declamar poemas, discutir su significado, interpretar el ritmo, la rima, la melodía. Es una costumbre de origen española, nacida en el llamado Siglo de Oro de la cultura de España (XVII-XVIII), que se difundió por todo el mundo occidental.

Luis García Montero es un poeta, crítico literario y profesor de literatura española, nacido en Granada. Ha escrito muchos libros de poesía, entre ellos están los poemarios: *El jardín extranjero* (1983); *En pie de paz* (1985); *Vista cansada* (2008) y *Un invierno propio* (2011).

El amor

Las palabras son _____ y se pierden así, de _____ en _____,

como de _____ en _____.

Llevan su mercancía por las conversaciones sin encontrar un puerto, la _____ que les pese igual que un _____.

Deben acostumbrarse a envejecer y vivir con paciencia de madera usada por las _____, irse descomponiendo, dañarse lentamente, hasta que a la bodega rutinaria llegue el _____ y las hunda.

Porque la vida entra en las palabras como el _____ en un _____, cubre de tiempo el nombre de las cosas y lleva a la raíz de un adjetivo el cielo de una fecha, el balcón de una casa, la _____ de una ciudad reflejada en un _____.

Por eso, niebla a niebla, cuando el _____ invade las palabras, golpea sus paredes, marca en ellas los signos de una historia personal y deja en el pasado de los vocabularios sensaciones de _____ y de _____, noches que son la noche, mares que son el mar, solitarios paseos con extensión de frase y _____ detenidos y canciones. Si el amor, como todo, es cuestión de palabras, acercarme a tu _____ fue crear un idioma.

Sacado de: <www.palabravirtual.com/index.php?ir=ver.voz.php&wid=1597&t=El amor&p=Luis Garcia Montero&0>. Acceso el 13 de febrero de 2012.

Comprendiendo la voz del otro

1. Fíjate en las imágenes que has sustituido por palabras y piensa: ¿qué metáforas utiliza el "yo lírico" para hablar de amor?
   _____
   _____

2. ¿Cómo interpretas el verso: "Si el amor, como todo, es cuestión de palabras, acercarme a tu cuerpo fue crear un idioma"?
   _____
   _____

3. ¿Cómo describes el tono del poeta al declamar su propio poema?
   _____

4. Ahora te toca a ti. Busca una poesía de amor en español y declámasela a tus compañeros del aula. A ver quién es el mejor recitador de poesía de la clase.

Oído perspicaz: el español suena de maneras diferentes

Acentuación de las palabras esdrújulas

1. 🎧 15 Escucha lo que dice un aficionado a la poesía de Luis García Montero y fija la atención en las palabras subrayadas:

   > El poema "El Amor", de García Montero, es magnífico, simplemente fantástico. Me cayó una lágrima al terminar de leerlo. Es que soy muy romántico y me gustan imágenes poéticas. Es mi ídolo.

2. De esas palabras, ¿cuál es la sílaba que lleva tilde?
   _____

   Se llaman **esdrújulas** las palabras cuya sílaba tónica ocupa la antepenúltima posición. La palabra **lágrima**, por ejemplo, es esdrújula, pues su sílaba tónica es la antepenúltima.

   > En español todas las palabras esdrújulas llevan acento ortográfico.

3. En las siguientes palabras esdrújulas, se ha suprimido el acento ortográfico. Escríbelo en la vocal que corresponda:

   a) proximo
   b) especifico
   c) hipotesis
   d) horoscopo
   e) ambito
   f) publico
   g) cosmico
   h) simbolo
   i) diplomatico
   j) periodico
   k) grafico
   l) pelicula
   m) utiles
   n) geminis
   ñ) matematicas
   o) fotografico

A quien no lo sepa

¿Sabías que el significado de algunas palabras se modifica si se cambia el lugar de la sílaba tónica? Ejemplos:
- hábito (sustantivo) / habito (verbo)
- público (sustantivo o adjetivo) / publico (verbo en presente) / publicó (verbo en pasado)

■ Habla

Lluvia de ideas

A continuación hay una serie de chicos y chicas, de varias edades, que nos cuentan si alguna vez se sintieron enamorados de alguien. Lee lo que ellos dicen.

Género textual
- Charla entre amigos

Objetivo de habla
- Conversar sobre el tema ¿Existe una edad cierta para tener novio/a?

Tema
- Noviazgo en la niñez y en la preadolescencia

Tipo de producción
- En conjunto

Oyentes
- Amigos y colegas

¿ALGUNA VEZ TE ENAMORASTE?

Chicos que te cuentan

Si alguna vez te sentiste una puntada en la panza porque el chico o la chica que te gusta estaba cerca tuyo, esta nota es para vos.

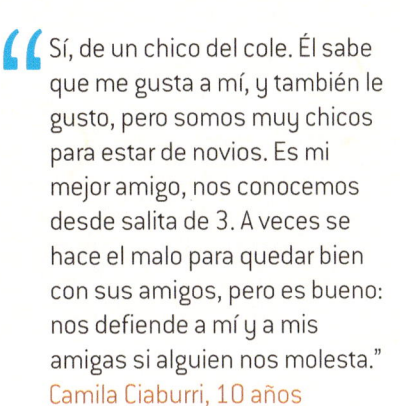

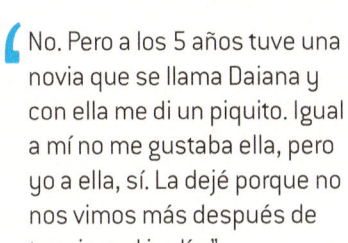

"Sí, de un chico del cole. Él sabe que me gusta a mí, y también le gusto, pero somos muy chicos para estar de novios. Es mi mejor amigo, nos conocemos desde salita de 3. A veces se hace el malo para quedar bien con sus amigos, pero es bueno: nos defiende a mí y a mis amigas si alguien nos molesta."
Camila Ciaburri, 10 años

"No. Pero a los 5 años tuve una novia que se llama Daiana y con ella me di un piquito. Igual a mí no me gustaba ella, pero yo a ella, sí. La dejé porque no nos vimos más después de terminar el jardín."
Mauro Gorbea, 8 años

"Sí, de mi novia. Y me di cuenta de que estaba enamorado porque cuando la miraba sentía algo distinto que cuando miro a mis amigas. El corazón me latía más fuerte. Al principio no sabía si pedirle que sea mi novia o mantenerlo en secreto. Pero un día, alguien me dijo que ella gustaba de mí, le pregunté en el recreo y me dijo que sí."
Pedro Collico Savio, 11 años

ciento treinta y cinco

"Sí, del hijo de unos amigos de mis papás. Me gusta desde la primera vez que lo vi, pero no le voy a decir nada; aunque me gustaría ponerme de novia con él. Salí hace un tiempo con un chico de La Plata, pero él no me gustaba tanto."
Delfina Bienvenite, 9 años

"Sí. Durante varios años me gustó Francisco, un chico de mi grado. Sentí que me había enamorado de él. Pero cuando empezó a interesarse por mí, él ya no me gustaba más porque ese año se había puesto muy feo."
Trinidad Fernando, 10 años

"No. Más o menos me gustó una chica del cole. Jugábamos mucho y ella era muy amiga mía. Igual, para los chicos, el amor es medio tonto. Por ejemplo ahora cuando veo un beso en una película, me da asco."
Emilio Pablo Neme, 8 años

Revista *Genios*, Buenos Aires, año 14, n. 681, 4-10 de abril de 2011. p. 10-11. (Adaptado)

Rueda viva: comunicándose

¡A charlar! Con los alumnos dispuestos en círculo, vamos a charlar sobre amor y amistad en la preadolescencia. El objetivo es dar y escuchar opiniones y consejos.

- ¿Alguien de la clase alguna vez se ha enamorado?
- Cómo debe proceder la persona enamorada: ¿debe declararse o no?
- ¿Hay edad apropiada para empezar el noviazgo?
- ¿Cómo saber si el amor no es solo amistad?
- ¿De qué personaje de ficción tú te enamorarías? ¿Por qué?
- ¿Qué cosas consideras importantes en una relación amorosa? ¿Y en la amistad?
- ¿Cómo lidiar con rechazos en el amor y en la amistad?
- ¿Cómo y cuándo debo contar a mis padres sobre mis sentimientos?

¡A concluir!

Todos pueden hacer un juego para intercambiar *valentines* ocultos con mensajes secretos de amor y de amistad. ¡Ojo! No vale poner mensajes que no sean buenos, esto es, que tengan contenido peyorativo y ofensivo.

CULTURAS EN DIÁLOGO

nuestra cercanía

1. Lee el cuento "Señor Amor Tímido" del escritor argentino Fabián Sevilla.

Señor Amor Tímido

Archivaldo era muy pero muy tímido. Tanto que se pedía permiso para mirarse en el espejo. Estaba enamorado de una chica que viajaba en el mismo colectivo que él, de lunes a viernes, a la ida y vuelta del trabajo. Linda y de ojos tristones, se sentaba siempre hacia la ventana, en la séptima fila, de la Línea 60.

Él jamás le habló o la miró de frente. Fue todo un logro animarse a ocupar el asiento del pasillo junto a ella en cada viaje, de lunes a viernes de ida y vuelta del trabajo, en los últimos cinco años.

Una vez carraspeó la garganta para llamar su atención. Pero la chica ni lo escuchó. Siempre leía el diario, de ida y vuelta, de lunes a viernes, durante los últimos cinco años. Otra vez, Archivaldo quiso ofrecerle una pastilla, pero se puso tan nervioso que, en una frenada, las mentitas rodaron por todo el colectivo. Ella, leía. Ni lo notó.

Un día, el tímido enamorado sacó coraje y puso este aviso en la página 3 del diario:

A la chica de ojos tristones que de lunes a viernes viaja en el 60, de ida y vuelta, en el asiento de la ventana de la 7ª fila:
¿Tiene novio?
Firma: Señor Amor Tímido

La mañana siguiente, en el colectivo, esperó alguna reacción de su amada. Nada. Pero al otro día, Archivaldo encontró este aviso en la página 3 del diario:

Al Señor Amor Tímido:
No.
Firma: La chica de ojos tristones que de lunes a viernes viaja en el 60, de ida y vuelta, en el asiento de la ventana de la 7ª fila.

¡Qué feliz se puso! Tanto que sopó el diario en el café con leche, se metió una medialuna bajo al brazo y así salió a la calle. El viaje fue como siempre: él en silencio, ella pegada a la lectura.

Al otro día, apareció este anuncio:

A la chica de ojos tristones que de lunes a viernes viaja en el 60, de ida y vuelta, en el asiento de la ventana de la 7ª fila:
¿Cómo se llama?
Señor Amor Tímido

Nuevamente, en el desayuno Archivaldo se desayunó con que se llamaba Margarita. Fue y publicó esto:

¡Qué lindo! Como la flor.
Señor Amor Tímido

En la página 3 del diario del día siguiente, el tímido leyó:

Al señor Amor Tímido:
Sí, ¿vio?

Aviso va, aviso viene, comenzaron a conocerse. En letras de molde se contaron cosas como la música que escuchaban, las películas que preferían, lo que habían comido ayer y cenarían hoy, el gusto compartido por los animales y los enanos de jardín, sus coincidencias sobre política, geografía o sabores de helados; también sus diferencias respecto a literatura, modelos de zapatos o si la ch es o no una letra.

Un lunes, tras ver de reojo que ella acariciaba el anuncio de aquel día, Archivaldo se animó. Le dijo como al pasar:

— ¡Qué loco, no!

— ¡Ajá! Loco, pero lindo.

Los avisos siguieron apareciendo, generando un efecto dominó inesperado. De pronto, todas las chicas de ojos tristones de la ciudad creyeron ser la que de lunes a viernes viajaba en el 60, de ida y vuelta, contra la ventana de la 7ª fila. Y cada vergonzoso solitario pensó que era el Señor Amor Tímido. Así, los que como Archivaldo gustaban de alguien se animaron y confesaron su amor. Las personas de ojos tristones estuvieron atentas a ver quién podía ser su amor tímido y descubrieron que siempre alguien las quería en secreto pero tenía vergüenza de decírselo.

CULTURAS EN DIÁLOGO

Se formaron parejas. Los titulares anunciaban el crecimiento del índice de enamorados y el descenso del de tímidos y del de ojos tristones. En la página 3, seguían los avisos.

A esa altura, Archivaldo y Margarita ya conversaban en sus viajes. Ella le leía las noticias y él le daba su opinión. También hablaban de los anuncios. Que ¿quiénes serían el Señor Amor Tímido y la chica de ojos tristones que de lunes a viernes viaja en el 60, de ida y vuelta, hacia la ventana de la 7ª fila? ¿Dónde vivirán? ¿Serán rubios, morochos, pelados, altos, bajos, gordos, flacos? ¿Se conocerían alguna vez?

Así, él ganó confianza y a ella, su habitual compañero de viaje comenzó a gustarle. Por eso, un día Archivaldo (y toda la ciudad) leyó el siguiente anuncio:

Al estimado Señor Amor Tímido:

Le ruego me disculpe, pero no puedo seguir con esto. Hay alguien que me gusta y no sería correcto avivar su ilusión. Espero me entienda.

Suya, La chica que ya no tiene ojos tristones que de lunes a viernes viaja en el 60, de ida y vuelta, en el asiento de la ventana de la 7ª fila.

La ciudad entera esperó con ansias hasta el otro día. En parques, bares, oficinas, esquinas y colectivos, se leyó:

A la querida chica que ya no tiene ojos tristones que de lunes a viernes viaja en el 60, de ida y vuelta, en el asiento de la ventana de la 7ª fila:

La entiendo. No tiene por qué disculparse. Espero que ese alguien que le gusta, la haga muy feliz. Hasta la vista.

Señor Amor Tímido

Los avisos dejaron de aparecer. Pero afortunadamente, los porcentajes de tímidos y ojos tristones se mantuvieron en el piso. Los de enamorados, estables.

Archivaldo ya no viajó en silencio. Margarita no se pegaba al diario. Iban y venían, de lunes a viernes, sentados en cualquier parte del colectivo o parados, pero tomados de la mano. Sábados y domingos disfrutaban de su amor. Sin timidez.

Texto © 2007 Fabián Sevilla. Publicado y distribuido en forma gratuita por Imaginaria y EducaRed: <www.blogs.educared.org/labibliodeloschicos/?p=796>. Acceso el 13 de febrero de 2012.

a) ¿Por qué el cuento se intitula "Señor Amor Tímido"?
_____

b) ¿Qué pasa con los enamorados al final de la historia?
_____

2. 🎧 16 Independiente del país y de la cultura, el amor está presente y se representa en varios lenguajes. Escucha la canción "Timidez", del álbum *Cidades em torrentes*, de 1986, de la banda brasileña "Biquini Cavadão".

Así como los personajes del cuento, el yo lírico de la canción es tímido. Pero, ¿qué pasa al final de la canción? ¿Termina de la misma manera que en el cuento de Fabián Sevilla?

A quien no lo sepa

Fabián Sevilla es un escritor y periodista argentino. Su escritura está volcada principalmente al público infantojuvenil. El libro *Ellos, los otros y nosotros*, (2003) trae cuentos de varios autores sobre los derechos de los niños. Escribe para la revista *Alfabeto Escolar*.

En el álbum *Cidades em torrentes*, de 1986, se encuentra la canción "Timidez" y otras canciones sobre los dramas de los adolescentes. Biquini Cavadão es una banda de *rock* brasileña que surgió en 1985. Sus integrantes son Bruno Gouveia (voz), Miguel Flores (teclados), Carlos Coelho (guitarra) y Álvaro Birita (batería).

¿LO SÉ TODO? (AUTOEVALUACIÓN)

Lectura	¿Cuáles son las características de los horóscopos?	¿Te fías de las informaciones de los horóscopos?	¿Dónde se pueden leer los horóscopos?
Escritura	¿Sé escribir previsiones para el futuro?	¿Qué es importante escribir en los horóscopos?	¿Qué características tengo que abordar a la hora de escribir un horóscopo?
Escucha	¿Me gustan las poesías recitadas?	¿Qué significa la palabra **tertulia**?	¿Identifico palabras esdrújulas cuando oigo algo?
Habla	¿Sé declamar bien un poema?	¿Qué metáforas sé usar para hablar del amor y de la amistad?	¿Qué logré contarles a mis compañeros sobre amor y amistad?
Gramática	¿Sé conjugar los verbos en futuro de indicativo?	¿Qué marcadores de hipótesis conozco?	¿Qué son palabras esdrújulas?
Vocabulario	¿Qué nombres de signos del zodiaco conozco?	¿Cuáles son los animales del horóscopo chino?	¿Qué palabras de amor y amistad sé?
Cultura	¿Quién es Fabián Sevilla?	¿Qué canción conozco de la banda brasileña *Biquini Cavadão*?	¿Qué otros tipos de amor existen en las sociedades además del tímido?
Reflexión	¿Respeto los sentimientos de los demás en clase?	¿Escucho con atención lo que mis amigos me confidencian?	¿Valoro las amistades que tengo?

GLOSARIO VISUAL

Palabras en contexto

¿Te fías de los horóscopos? Observa lo que esos amigos aficionados a la astrología dicen sobre sus signos.

Leí por la mañana las previsiones de escorpio para hoy. Parece que voy a encontrar mi gran amor. ¿Quién será?

Pues el que leí no estaba nada bueno para el amor. Todo será confuso para los de aries como yo.

No leí nada sobre amor. Sin embargo, con los acuarianos como yo todo saldrá bien en los estudios. Nada mal, pues hoy es el día de la prueba de Matemáticas.

Palabras en imágenes

altavoces    colectivo    ventana

8 En tránsito: no desobedezcas las señales, pues...

SEÑALES REGLAMENTARIAS

Tienen por objeto indicar al usuario de la vía las limitaciones, prohibiciones o restricciones sobre su uso y cuya violación constituye falta. En las señales circulares los colores distintivos son: anillos y líneas oblicuas en rojo, fondo blanco y símbolos negros. Se identifica con el código SR.

Sacado de: <http://infoeducativavtransito.blogspot.com/>. Acceso el 22 de agosto de 2011.

Semáforo para conductores.

En esta unidad...

... conoceremos algunas señales de tránsito y sus tipos, discutiremos sobre la importancia del uso de equipos de protección en coches y motos y aprenderemos a dar instrucciones en campañas educativas. Al final podremos contestar a las preguntas: ¿Soy un peatón responsable? ¿Qué medios de transporte alternativos conozco?

Semáforo para transeúntes.

¡Para empezar!

1. Observa las señales de reglamentación y piensa:
   a) ¿para qué existen?
   b) ¿qué tipo de situaciones ellas evitan?

2. Fíjate en los semáforos.
   a) ¿Qué tipos de semáforos aparecen en la imagen?
   b) Qué colores aparecen en los semáforos?
   c) ¿Qué significan los colores de los semáforos?

3. ¿Tu familia y tú conocen las reglas de tránsito? ¿Las respetan? Discutan entre todos.

Transversalidad
Aquí el tema transversal es la cuestión de la ciudadanía responsable en el tránsito.

Género textual
- Folleto educativo

Objetivo de lectura
- Identificar qué equipos de seguridad debemos usar.

Tema
- Educación en el tránsito

Lectura

Almacén de ideas

1. ¿Cómo es el tránsito de tu ciudad? Circula dos adjetivos que más lo califican:

tranquilo	intenso	caótico	perturbador
ruidoso	peligroso	pacífico	reducido

2. Vas a leer dos folletos que forman parte de campañas educativas para el uso de dos equipos de seguridad. ¿Cuáles crees que son el foco en los folletos? Formula hipótesis.

_____
_____
_____

Red (con)textual

Es la hora de leer y observar las imágenes presentes en los dos folletos. Tu objetivo de lectura será descubrir cuáles son los equipos de seguridad que hay que usar.

Folleto I

No seas otra mala noticia

ÚSALO

Sacado de: <http://nahu-desing.blogspot.com/>. Acceso el 26 de agosto de 2011.

Folleto II

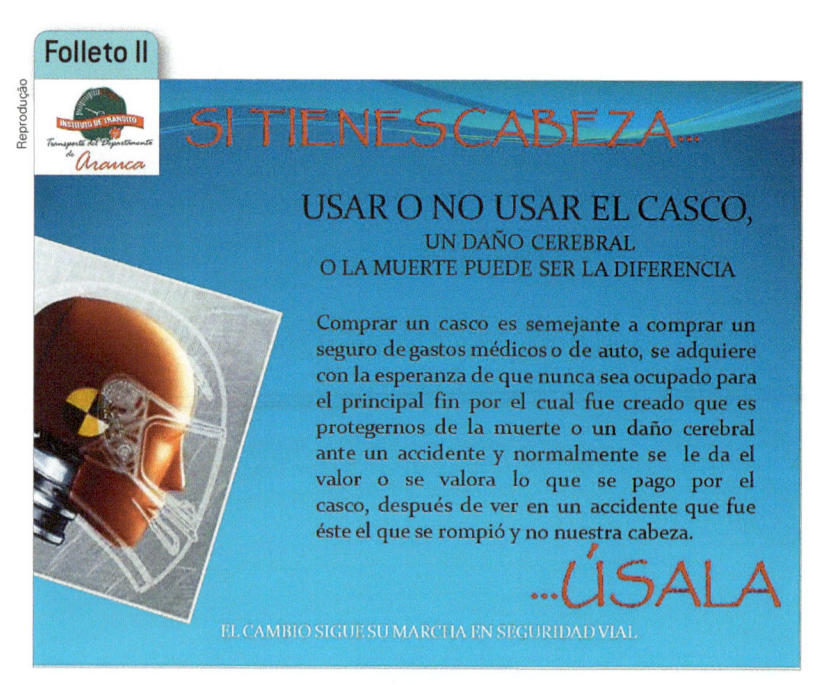

SI TIENES CABEZA...

USAR O NO USAR EL CASCO, UN DAÑO CEREBRAL O LA MUERTE PUEDE SER LA DIFERENCIA

Comprar un casco es semejante a comprar un seguro de gastos médicos o de auto, se adquiere con la esperanza de que nunca sea ocupado para el principal fin por el cual fue creado que es protegernos de la muerte o un daño cerebral ante un accidente y normalmente se le da el valor o se valora lo que se pago por el casco, después de ver en un accidente que fue éste el que se rompió y no nuestra cabeza.

...ÚSALA

EL CAMBIO SIGUE SU MARCHA EN SEGURIDAD VIAL.

Sacado de: <http://transitoarauca.gov.co/?id=230&vn=1&categoria=Noticias&vercategoria=1&diarias=>. Acceso el 26 de agosto de 2011.

142 ciento cuarenta y dos

Tejiendo la comprensión

1. Entonces, ¿cuáles son los dos equipos de seguridad?
   _____

2. Los dos folletos forman parte de campañas gubernamentales. ¿De qué ciudades?
   Folleto I: _____.
   Folleto II: _____.

3. Los dos folletos tienen públicos distintos. ¿Quiénes son?
   Folleto I: _____.
   Folleto II: _____.

4. Relee el eslogan del primer folleto:

   No seas otra mala noticia
   ÚSALO

   a) ¿Por qué se usa la palabra **noticia**? ¿Qué elementos no verbales te ayudan a contestar a esa pregunta?
   _____
   _____

   b) Observa solamente el verbo **ÚSALO**. ¿Cómo está escrito? ¿Qué sentido se quiere producir?
   _____

5. El en folleto II, se compara el hecho de comprar un casco a comprar un seguro de gastos médicos o de auto. ¿Con qué objetivo se hace eso?
   _____
   _____

6. En tu ciudad, ¿los motociclistas y los conductores suelen usar el casco y el cinturón?
   _____

Gramática en uso

Pronombre complemento directo

1. Relee los eslóganes de las dos campañas institucionales presentes en los folletos:

   No seas otra mala noticia ÚSALO

   SI TIENES CABEZA... ...ÚSALA

   El verbo **usar** está en imperativo y junto a él aparecen los pronombres complemento directo **lo** y **la**.

2. En el texto, ¿a qué se refieren esos pronombres?

úsalo: _____   úsala: _____

El pronombre complemento directo **lo** se usa para referirse a palabras **masculinas** en **singular**.
El pronombre complemento directo **la** se usa para referirse a palabras **femeninas** en **singular**.
Para formar el plural de los complementos es solo añadir una **-s** a su forma en singular: **los** y **las**.

3. ¡A practicar! Te presentamos algunas situaciones y, al final, hay que completar el verbo **usar** en imperativo con el pronombre adecuado al género (masculino/femenino) y al número (singular/plural).

   a) Imagínate que eres un turista de vacaciones y estás en un barco. Como equipos de seguridad, te muestran unos **botes**. El responsable por el paseo te explica que en caso de naufragio te darán órdenes: úsa _____

   b) En muchos países, los motociclistas tienen la obligación de llevar **guantes**. La instrucción es: úsen_____.

   c) En los coches, los bebés tienen que estar en **sillas** propias. El orden a los padres es: úsen_____.

   d) El ciclista puede hacer uso de una **mochila** de seguridad con un viso de led que ilustra gráficos atractivos y animados avisando de detenciones (STOP) y señales de emergencia. Por lo tanto, ciclista: úsa _____.

   Ve también el **objeto educacional digital** "Pronombre complemento directo".

   Vocabulario de apoyo
   Un Led (de la sigla inglesa LED, *Light-Emitting Diode*): diodo semiconductor que emite luz.

Vocabulario en contexto

Relaciona los personajes del tránsito con las imágenes.

(   ) peatón o transeúnte
(   ) guardia o policía de tránsito
(   ) ciclista
(   ) automovilista o conductor
(   ) motociclista

144   ciento cuarenta y cuatro

Escritura

Conociendo el género

¡La seguridad vial es responsabilidad de todos! No importa si vas caminando, en bici, auto o moto. Somos todos ciudadanos que debemos respetar las normas de tránsito. Como un buen peatón, ¿sabes lo que se debe hacer y lo que se debe evitar para desplazarse con seguridad? En grupos, van a elaborar un folleto educativo con las normas de tránsito para peatones. Pero antes, a conocer un folleto, parte de una campaña de la municipalidad de Lanús, en Argentina. Léelo y marca **F** para falso y **V** para verdadero:

Género textual
- Folleto educativo de normas de tránsito para peatones

Objetivo de escritura
- Concienciar sobre cómo andar en las ciudades.

Tema
- Tránsito peatonal

Tipo de producción
- En grupo

Lectores
- Peatones

Señor Conductor:

- Respete el semáforo en rojo.
- Utilice el cinturón de seguridad.
- Tenga en cuenta las velocidades establecidas (60 km/h en avenidas, 40 km/h en calles, 30 km/h en calles sin semáforos, 20 km/h en zona de escuelas).
- Si bebe no conduzca.
- Nunca hable por celular al conducir.
- Respete las señales de prohibido estacionar.
- No ocupe los lugares de ascenso y descenso de pasajeros del transporte público ni las rampas para discapacitados.
- Recuerde que el peatón siempre tiene prioridade de paso.

Hagamos de nuestra ciudad un espacio seguro. Respetemos y hagamos respetar las normas de tránsito por el bien de todos.

Dirección de Tránsito | Secretaria de Gobierno

DARÍO DÍAZ PÉREZ INTENDENTE — municipio de LANÚS

Sacado de: <www.lanus.gov.ar/folleto_transito.php>. Acceso el 23 de agosto de 2011.

( ) Los textos son cortos.
( ) Los textos son largos.
( ) Las imágenes son importantes para la construcción del sentido.
( ) Las imágenes son solo ilustraciones.
( ) El lenguaje es informal.
( ) El folleto se dirige a los peatones.
( ) El folleto presenta datos sobre el órgano responsable por hacerlo.
( ) Al final, el folleto instruye a todos.

El español alrededor del mundo

- En España se dice **conducir** (un coche). En América se emplea también este verbo, pero es mucho más frecuente **manejar**. En Puerto Rico se usa también **guiar**.
- En España se dice **aparcar** (un coche). En América se emplea **estacionar**.
- A la orilla de la calle, por donde caminan los peatones, se le llama en España y en otras partes **acera**. En México y en Guatemala, se puede decir **banqueta**. En varios países sudamericanos se le conoce como **vereda**. Es **contén** en Cuba, *calzada* en República Dominicana y **andén** en Colombia.

Gramática en uso

Imperativo negativo

Hemos estudiado los verbos en imperativo afirmativo y su función en los diversos géneros textuales, por ejemplo, en las recetas de cocina, en los manuales de instrucción y en los horóscopos. Ahora observa su uso en un folleto educativo de tránsito y aprovecha para aprender el funcionamiento del imperativo negativo.

1. Vuelve al folleto de la municipalidad de Lanús. Circula las instrucciones que aparecen en **imperativo afirmativo** y subraya las que aparecen en **imperativo negativo**.

2. ¿Qué elementos te permitieron identificar las instrucciones que están en imperativo negativo?
___

> Para dar instrucciones en **imperativo negativo** hay que usar algunas palabras de negación antes del verbo, tales como: **no**, **nunca**, **jamás**.
> Si quieres negar dos cosas coordinándolas, puedes usar primero **no** y después **tampoco** o **ni**. Ejemplos:
> **No** deje de usar casco **tampoco** bota.
> **No** bocine frente al hospital **ni** haga otro tipo de ruido.

3. Por lo que ya estudiaste del imperativo afirmativo, ¿puedes afirmar que esa campaña está escrita en lenguaje formal o informal? Explica con elementos del texto.
___
___

4. Observa la siguiente tabla con el imperativo negativo de dos verbos regulares de primera conjugación (terminación **-ar**) y sigue las pistas que te damos para rellenarla. La conjugación de **usted** ya está puesta como ejemplo.

   I. Para formar el imperativo negativo de **usted**, se saca la terminación -ar de habl**ar** y se añade la terminación -e al radical habl-: **hable**.

   II. Para formar el imperativo negativo de **tú** y **vos**, basta añadir la terminación -es al radical habl-.

   III. Para formar el imperativo negativo de **nosotros**, basta añadir la terminación -emos al radical habl-.

   IV. Para formar el imperativo negativo de **vosotros**, basta añadir la terminación -éis al radical habl-.

   V. Para formar el imperativo negativo de **ustedes**, basta añadir la terminación -en al radical habl-.

Pronombres \ Verbos	Hablar	Ocupar
Tú / Vos	nunca	no
Usted	nunca hable	no ocupe
Nosotros(as)	nunca	no
Vosotros(as)	nunca	no
Ustedes	nunca	no

5. Con los verbos de segunda y tercera conjugación, respectivamente **-er**, **-ir**, la regla es casi la misma, solo se cambia la vocal. En lugar de finalizar con la **-e**, finalizan con la **-a**. Intenta rellenar la próxima tabla.

Pronombres \ Verbos	Comer	Vivir
Tú / Vos	nunca	no
Usted	nunca coma	no viva
Nosotros(as)	nunca	no
Vosotros(as)	nunca	no
Ustedes	nunca	no

6. Observa la siguiente instrucción del folleto:

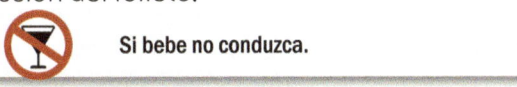

Si bebe no conduzca.

Véase también el **objeto educacional digital** "¡Conoce Quito!".

a) ¿Cuál es el infinitivo del verbo que está en imperativo negativo?
_____

b) ¿Cómo se conjuga en la primera persona de presente de indicativo?
_____

> Los verbos que sufren alguna irregularidad en la primera persona (**yo**) en presente de indicativo también van a presentarla en imperativo negativo.

Planeando las ideas

1. Las señales viales no sirven solo para los conductores. Los peatones también las deben conocer. Lee la introducción de un manual en línea para ser un buen peatón.

La Educación Vial "es el aprendizaje de conocimientos, hábitos y actitudes en relación con las reglas, normas y señales que regulan la circulación de vehículos y personas por las calzadas y aceras. Que permitan a los ciudadanos y ciudadanas dar una respuesta adecuada (segura y fluida), en las distintas situaciones de tráfico en las que se pueda ver inmerso, ya sea como peatón, pasajero o conductor".

Desplazarnos de un sitio a otro es algo bonito y necesario, pero cuando lo hacemos por las calles de nuestra ciudad o por las carreteras, no estamos solos. Existen además otras personas que comparten con nosotros las calles. Unos lo hace **a pie**: son los **PEATONES**, y otros utilizando un **vehículo**: son los **CONDUCTORES** o **VIAJEROS**.

También debemos considerar peatones a quienes empujan o arrastran un cochecito de niño o de impedido o cualquier otro pequeño vehículo sin motor, **a los que conducen a pie** un ciclo, una bicicleta o un ciclomotor de dos ruedas, y a los impedidos que circulan al paso de peatón en una silla de ruedas.

Para poder compartir mejor entre todos las calles y carreteras, tenemos que ponernos de acuerdo y respetar los derechos de los demás. Para ello hay una serie de señales y normas de circulación que son como las reglas del juego. Respetándolas nos desplazaremos con seguridad.

Este Manual educativo está dirigido para niños y mayores, ya que somos todos peatones y además de enseñar a los pequeños, se recuerda a los mayores cuales son las reglas, **LO QUE SE DEBE HACER** y **LO QUE SE DEBE EVITAR** para desplazarnos con seguridad.

Léelo y estúdialo despacio, trata de entenderlo y lo que no entiendas pregúntaselo a tus padres, a tus profesores o a la misma Policía Local. Ellos te aclararán lo que no comprendas. Cumpliendo estas normas serás **UN BUEN PEATÓN**. Lo serás en tu propio beneficio y también en el de todos los demás.

Sacado de <www.totana.com/educacion-vial/peaton/Antes%20 de%20empezar%20leeme.htm>. Acceso el 15 de febrero de 2012.

2. Haz el siguiente test y comprueba si eres o no un buen peatón. Si aciertas más de cinco, significa que eres un peatón consciente. Este test te ayudará a la hora de redactar tu folleto:

Test de educación vial peatón

www.totana.com/cgi-bin/educacion-vial-test.asp?tipo=peaton

Los que tenemos perro, cuando vamos por la calle con él, lo llevamos…:

☐ suelto.

☐ en brazos.

☐ sujeto con una correa.

¿Debes usar el cinturón de seguridad cuando viajas en el coche de tu padre?:

☐ Cuando sea mayor de 12 años.

☐ Delante sí, pero detrás no.

☐ Siempre, en vías urbanas e interurbanas.

Si nos vemos obligados a caminar con frecuencia por una carretera de noche, ya sabemos que tenemos que…:

☐ hacer señales con el brazo.

☐ caminar en grupo, pero muy pegaditos.

☐ llevar alguna prenda reflectante.

¿Se puede circular con un monopatín por la calzada?:

☐ No, como norma general.

☐ Sí, cuando circulan por ella pocos vehículos.

☐ Sí, si circulamos despacio.

Antes de empezar a cruzar, veis que "el peatón" verde ha comenzado a parpadear. ¿Qué hacéis?:

☐ Cruzamos corriendo.

☐ Cruzamos tranquilamente.

☐ No cruzamos.

¿Qué quiere decir un Agente con una serie de pitidos cortos?:

☐ Que nos detengamos.

☐ Que reanudemos la marcha.

☐ Que sigan los que se encuentran de frente.

Cuando esperamos para cruzar por un paso de peatones, lo hacemos...:

☐ en la acera.

☐ en las marcas blancas.

☐ en la calzada.

¿Cómo tenéis que esperar la llegada del autobús?:

☐ En grupos de cinco y siete personas.

☐ Con cuidado para que no nos pisen los otros.

☐ En fila y en la acera.

Sacado de: <www.totana.com/cgi-bin/educacion-vial-test.asp?tipo=peaton>. Acceso el 22 de agosto de 2011.

3. Para escribir el folleto educativo, hay que contestar a las preguntas a continuación. Discutan y busquen las respuestas en el sitio del manual leído en "Planeando las ideas", en enciclopedias, en el departamento de tránsito de tu ciudad. Las dudas de vocabulario, las sacarás en un buen diccionario.

- ¿Qué es necesario para ser un buen peatón?
- ¿Cuáles son las señales peatonales?
- ¿Qué es calzada?
- ¿Qué es acera?
- ¿Qué es zona peatonal?
- ¿Qué es paso de cebra?
- ¿Cómo cruzar la calle?
- ¿Qué no se debe hacer?
- ¿Dónde está prohibido el pasaje de peatones?

¡Ojo!

Piensa en el lenguaje que usarás y entrena tu conocimiento gramatical. Usa los verbos en imperativo afirmativo y negativo para instruir y aconsejar a los peatones.

Taller de escritura

Ahora, redacta entre todos el **Folleto de buen peatón** con las informaciones que todos los peatones deben saber. ¡No te olvides de ilustrarlo! En las líneas a continuación, haz tu borrador con las informaciones que quieres poner.

_____
_____
_____
_____
_____
_____
_____
_____
_____
_____
_____
_____
_____

(Re)escritura

Fíjate en que es recomendable releer el texto para comprobar si está todo bien hecho. Fija la atención en las imágenes y comprueba si están coherentes con la idea que quieres transmitir. Además, repasa los verbos en imperativo. ¿Están todos conjugados correctamente?

■ Habla

Lluvia de ideas

Imagínate que estás en Uruguay. Como cada país tiene sus leyes propias de tránsito, es importante comprenderlas. Lee el artículo 22 de la Ley 18 191, de 14 de noviembre de 2007, para enterarte.

> **Ley nº 18.191**
> **TRÁNSITO Y SEGURIDAD VIAL EN EL TERRITORIO NACIONAL**
> [...]
> **Artículo 22.**– De los peatones.
>
> 1) Los peatones deberán circular por las aceras, sin utilizar la calzada ni provocar molestias o trastornos a los demás usuarios.
> 2) Pueden cruzar la calzada en aquellos lugares señalizados o demarcados especialmente para ello. En las intersecciones sin cruces peatonales delimitados, desde una esquina hacia otra, paralelamente a una de las vías.
> 3) En aquellas vías públicas donde no haya acera, deberán circular por las bermas (banquinas) o franjas laterales de la calzada, en sentido contrario a la circulación de los vehículos.
> 4) Para cruzar la calzada en cualquiera de los casos descritos en los artículos anteriores, los peatones deberán hacerlo caminando lo más rápidamente posible, en forma perpendicular al eje y asegurándose de que no exista peligro.
>
> Sacado de: <www0.parlamento.gub.uy/leyes/AccesoTextoLey.asp?Ley=18191&Anchor=>. Acceso el 15 de febrero de 2012.

Género textual
- Diálogo

Objetivo de habla
- Conocer algunas normas de circulación.

Tema
- Circulación de peatones

Tipo de producción
- En parejas

Oyentes
- Policía y ciudadano

Rueda viva: comunicándose

En parejas, uno será el turista y el otro policía de tránsito. El turista tiene algunas dudas sobre dónde puede circular y sobre cómo cruzar la calzada. Así que el policía le informará las normas específicas de los peatones. El que será el turista tiene que formular las preguntas que hará basándose en el artículo 22. El que será el policía tiene que estudiarlo para saber sacar las dudas de los transeúntes.

Antes de empezar el diálogo reflexiona sobre el tratamiento que usarás. ¿Es formal o informal?

Además, es importante que el turista se presente y diga su nacionalidad para contextualizar el diálogo.

Vocabulario de apoyo
¡Buenos días!
¡Buenas tardes!
Por favor.
Gracias.
De nada.
Me gustaría saber…
¿Podría ayudarme…?
¿Le importaría darme una información…?

¡A concluir!

Como peatones, hay algunas reglas que seguir. Reflexiona sobre tus acciones en las calles. ¿Respetas esas normas? ¿Y tu compañero?

Género textual
- Informe institucional

Objetivo de escucha
- Aprender sobre las señales de tránsito.

Tema
- Reglamentos de tránsito

El español alrededor del mundo

Adelantar (un coche a otro) es vocablo usual en España, Cuba, Chile. **Rebasar** y **pasar** se prefieren en otros países americanos.

■ Escucha

¿Qué voy a escuchar?

1. Existen tres tipos de señales de tránsito. Identifica si las siguientes señales son **preventivas**, **informativas** o **reglamentarias**.

Cruce de peatones.

No adelantar.

Gasolinera.

2. Vas a escuchar algunas informaciones sobre reglamentos de tránsito. Forman parte de un informe de la Universidad Nacional Abierta, "Conociendo las señales de tránsito terrestre". (<www.youtube.com/watch?v=z3k128PjOxs>, acceso el 2 de abril de 2012). ¿Qué palabras crees que escucharás? Escribe cinco. ¡A ver quién gana al juego de las hipótesis!

_____ _____ _____

_____ _____

Escuchando la diversidad de voces

🎧 17 Escucha el informe cuantas veces sean necesarias para hacer lo que se te pide.

a) ¿Cuáles son los tipos de señales viales terrestres? Apúntalos.
_____

b) Describe en pocas palabras qué significa cada tipo de señales transitorias viales:

| I. Reglamentarias |
| II. Preventivas |
| III. Informativas |

c) Escribe al lado de cada uno de los tres grupos de señales si son **reglamentarias**, **preventivas** o **informativas**:

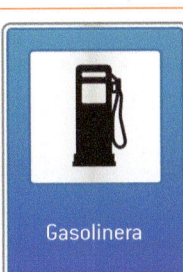

Ceder el paso — Aduana — No adelantar	
No tocar — No estacionar — Detenerse	

Aeropuerto — Estacionamiento — Gasolinera — Teléfono — Gomera — Puesto de socorro

Intersección — Ciclistas — Doble vía

Pendiente — Redoma — Zona escolar

El español alrededor del mundo

En Venezuela se llama **redoma** a lo que en otras partes se denomina **glorieta** o **rotonda**. En Brasil se llama *rotatória* o *balão*.

ciento cincuenta y tres 153

Comprendiendo la voz del otro

1. ¿Qué son señales de tránsito?
   _____
   _____
   _____

2. ¿Quiénes deben obedecerlas?
   _____

3. ¿Por qué se debe respetar y cumplir responsablemente las señales y normas de tránsito terrestre?
   _____

Vocabulario en contexto

1. Has conocido algunas señales de tránsito informativas: aeropuerto, estacionamiento, gasolinera, teléfono, gomería y puesto de socorro. Ellas son muy importantes para el conductor turista que desconoce determinada región y quiere ubicarse bien y visitar algunos sitios.

   ¡A conocer otras señales de tránsito informativas! Escribe su significado bajo cada una.

   playa — teleférico — taxi — museo — restaurante — terminal de ferrocarril
   hotel — policía — terminal de ómnibus — correo — plaza — campamento

El español alrededor del mundo

Algunas designaciones del autobús urbano: **autobús** (frecuente en España, Venezuela, México…), **camión** (México), **camioneta** (Guatemala, El Salvador), **bus** (Honduras, Nicaragua, Panamá, Cuba, Colombia, Ecuador), **guagua** (Cuba, República Dominicana, Puerto Rico), **microbús** (Perú), **ómnibus** (Perú, Paraguay, Uruguay), **colectivo** (Bolivia, Paraguay, Argentina), **urbano** (Chile), **micro** (Chile, Argentina).

2. A continuación, hay cuatro situaciones prohibidas en el tránsito. Relaciona la prohibición a la placa a que se refiere.

   a) Prohibido girar a la izquierda.
   b) Prohibido tocar bocina.
   c) Prohibido circular bicicletas.
   d) Prohibido adelantar.

   (   )   (   )   (   )   (   )

Oído perspicaz: el español suena de maneras diferentes

Acentuación de las palabras sobresdrújulas

1. 🎧 18 Escucha las siguientes palabras del audio:

   > tránsito — próximos — físicos — públicas — jurídica — semáforos — vehículos — teléfono — alcohólicas

   Como hemos estudiado en la unidad anterior, esas palabras son esdrújulas. ¿Por qué?
   _____

   Ahora, vamos a estudiar las palabras **sobresdrújulas** que son una particularidad de la lengua española en relación con la lengua portuguesa. ¡A conocerlas!

2. 🎧 19 Escucha las siguientes palabras sobresdrújulas y acentúa la sílaba tónica:

   a) ___cilmente   b) co___jaselo   c) arreba___doselo   d) di___cilmente

3. Completa la regla:

   Las palabras sobresdrújulas son aquellas cuya sílaba tónica es la sílaba anterior a la _____.

   En el caso de adverbios creados a partir de adjetivo con el sufijo **-mente**, solo se acentuarán si el adjetivo lleva la tilde por sí solo.

   Ejemplo: El adjetivo **frío** lleva tilde y el adverbio **fríamente** también. El adjetivo **cariñoso** no lleva tilde y el adverbio **cariñosamente** tampoco lo lleva.

4. Completa la tabla con los adverbios terminados en **-mente** correspondientes a los adjetivos:

adjetivo	adverbio
heroico	
débil	
estupendo	
simple	
común	

CULTURAS EN DIÁLOGO

nuestra cercanía

1. En Brasil, seguro que hay los siguientes medios de transporte. ¿Cuáles de ellos hay en tu ciudad? Circúlalos.

coche — moto — bicicleta — camión — autobús

tren — metro — barco — bote — tranvía

avión — helicóptero — taxi — casa rodante — carro

2. En muchas regiones, dependiendo de la vegetación, de la geografía y del clima, hay medios de transporte específicos.

a) ¿Conoces las llamas? Son animales típicos de la región de los Andes, en América del Sur, conocidos por ser un buen cargador y medio de transporte. ¿Qué otros animales se usan como transporte?

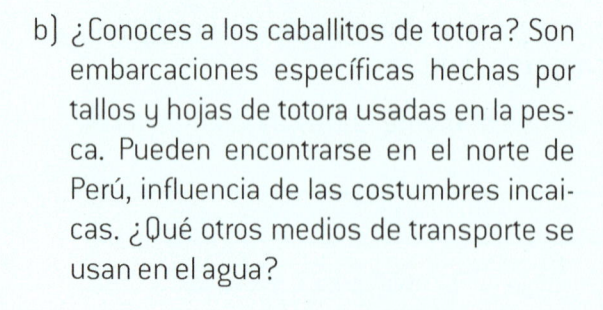

_____
_____

Llamas.

b) ¿Conoces a los caballitos de totora? Son embarcaciones específicas hechas por tallos y hojas de totora usadas en la pesca. Pueden encontrarse en el norte de Perú, influencia de las costumbres incaicas. ¿Qué otros medios de transporte se usan en el agua?

_____
_____
_____

Caballitos de totora.

3. La selva Amazónica es el bosque tropical más extenso del mundo y comprende ocho países. Al norte de Brasil, en el estado del Amazonas, la vía de transporte más usual es el agua. En su geografía, el Amazonas tiene muchos ríos y la mayoría de sus ciudades, villas y pueblos está cerca del río. En algunas áreas de Perú eso también ocurre. A causa de la peculiaridad de la floresta Amazónica es muy difícil construir carreteras. Así que los medios de transporte más comunes son para navegar. ¡A conocer esos medios de transporte! Intenta nombrarlos observando las pistas:

pequepeque — motochata — motonave — barcaza — remolcador

m _ _ _ _ _ _ _

_ _ e _ _ _ _ _ _ _

m _ _ _ _ _ _ _

_ _ _ _ _ a _ _ _ _

_ _ _ _ _ _ _ a

CULTURAS EN DIÁLOGO

4. Hay una ciudad italiana muy hermosa y romántica, conocida como la ciudad de los canales. Recibe turistas de todo el mundo que quieren pasear en las famosas góndolas. Además, como transporte colectivo se usan los *vaporettos* (el barco bus) y los taxis lanchas. ¡A admirar esos medios de transporte! ¿Sabes qué ciudad es esa? Tiene siete letras.

___ ___ ___ ___ ___ ___ ___

Vaporetto.

Góndola.

Taxi lancha.

¿LO SÉ TODO? (AUTOEVALUACIÓN)

Lectura	¿Sé identificar las características de un folleto educativo?	¿Qué equipos de seguridad son importantes en el coche y en la moto?	¿Qué son campañas gubernamentales?
Escritura	¿Los textos de los folletos son cortos o largos?	¿Qué papel cumplen las imágenes en los folletos?	¿Sé aconsejar a peatones?
Escucha	¿Qué son señales preventivas, informativas y reglamentarias?	¿Por qué se hace necesario conocer el significado de las señales y acatarlas?	¿Sé acentuar las sobresdrújulas?
Habla	¿Cómo hacer peticiones de forma cortés?	¿Cómo tratar a un policía?	¿De qué trata la Ley 18 191 de tránsito uruguaya?
Gramática	¿Sé reconocer y usar los pronombres complemento directo?	¿Sé hacer peticiones en imperativo negativo?	¿Para qué sirven, **tampoco**, **jamás** y **nunca**?
Vocabulario	¿Cuáles son los personajes del tránsito?	¿Qué equipos de seguridad en el tránsito conozco?	¿Qué señales de tránsito informativas se hacen importantes para un turista?
Cultura	¿Qué animales se usan en la región de los Andes como cargadores?	¿Qué son caballitos de totora?	¿Qué es un pequepeque?
Reflexión	¿Qué se hace necesario para ser un buen peatón?	¿Cómo debo cruzar la calle?	¿Qué medios de transporte me parecen más importantes?

GLOSARIO VISUAL

Palabras en contexto

— Mamá, no me gusta usar el cinturón. ¡No es nada cómodo!

— Pero, hijita, es para tu seguridad. ¡Es ley! Además, puede salvar tu vida. Te quiero, cariño. Úsalo.

— Si no hay manera, entonces, me lo pongo.

Palabras en imágenes

- rotonda
- acera
- pitido
- trabilla

Repaso: ¡juguemos con el vocabulario y la gramática!

Unidades 7 y 8

Individual

¿Te acuerdas de los animales del horóscopo chino? Descubre los nombres de cada uno. Te damos algunas pistas.

R __ T __   __ __ B __ __ __ __

__ UE __   __ __ N __

__ I __ RE   __ __ __ __ __ A

C __ N __ __ __   __ __ __ L __

__ __ __ G __ __   __ E __ D __

__ __ __ __ __ E __ __ __   P __ __ __ __

En parejas

El alumno 1 solo podrá ver la ficha uno y el alumno 2 solo verá la ficha dos. Ustedes van a fijarse en las fotos de cada ciudad y van a describírsela al compañero, por medio de pistas (te brindamos la primera pista como ejemplo). Gana el que adivinar primero de qué ciudad se trata.

ALUMNO 1

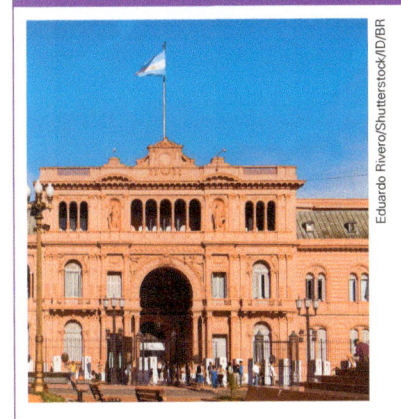

Primera pista: En esa ciudad hay muchos quioscos y muchas librerías.

Segunda pista: _____

Tercera pista: _____

Cuarta pista: _____

Quinta pista: _____

ALUMNO 2

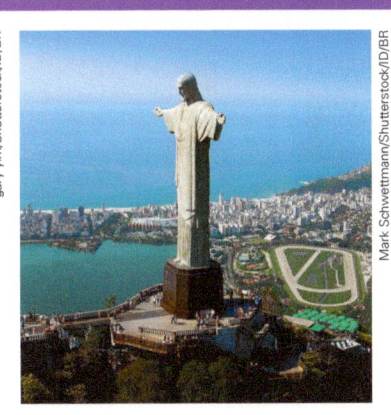

Primera pista: En esa ciudad hay muchas playas y bares.

Segunda pista: _____

Tercera pista: _____

Cuarta pista: _____

Quinta pista: _____

ciento sesenta y uno 161

Chuleta lingüística: ¡no te van a pillar!

LAS COMPARACIONES

- Las comparaciones se clasifican en:

  Superioridad: **más + adjetivo + que**
  Inferioridad: **menos + adjetivo + que**
  Igualdad: **tan + adjetivo + como**

- Algunos adjetivos especiales:

  bueno / mejor
  malo / peor
  grande (edad) / mayor
  pequeño (edad) / menor
  grande (tamaño) / mayor / más grande
  pequeño (tamaño) / menor / más pequeño
  alto / superior / más alto
  bajo / inferior / más bajo

APÓCOPE DE LOS ADJETIVOS

- Algunos adjetivos se apocopan delante de sustantivos **masculinos** en **singular**:

  Buen cantor
  Mal gusto

- Algunos adjetivos se apocopan delante de palabras **masculinas** y **femeninas** en **singular**:

  Gran mujer / gran hombre
  Muy bonita / muy bonito
  Tan moderna / tan moderno

MUY Y MUCHO

- Se usa **muy** antes de adjetivos y adverbios:

  muy bonito
  muy cerca

- Excepciones:

  mucho mejor, mucho peor, mucho mayor, mucho menor, mucho más, mucho menos, mucho antes, mucho después

- Se usa **mucho** para intensificar la acción y delante de sustantivos:

  Es que como mucho.
  Tengo mucho dinero.

AUMENTATIVOS Y DIMINUTIVOS

- Los aumentativos y los diminutivos pueden expresar afectividad, ironía, emoción, entre otras intenciones, según el contexto:

Aumentativos	Diminutivos
-on / -ona	-ín / -ina
-acho / -acha	-ico / -ica
-ote / -ota	-ito / -ita

LA SÍLABA TÓNICA

- Según la sílaba tónica, se pueden clasificar las palabras en:

  agudas: acento tónico en la última sílaba;
  graves o **llanas**: acento tónico en la penúltima sílaba;
  esdrújulas: acento tónico en la antepenúltima sílaba;
  sobresdrújulas: acento tónico antes de la antepenúltima sílaba.

LOS TIPOS DE ACENTO

- Existen tres tipos de acento:

  prosódico: marca la tonicidad de la palabra;
  ortográfico: es la tilde (') que se usa según las reglas de acentuación;
  diacrítico: diferencia palabras que tienen la misma grafía, pero ejercen funciones gramaticales distintas.

LAS REGLAS DE ACENTUACIÓN

Sílaba tónica	Llevan acento ortográfico (tilde)	Ejemplos
agudas	terminadas en **n**, **s**, vocal	canción, inglés, sofá
graves o llanas	no terminadas en **n**, **s**, vocal	difícil, dólar
esdrújulas	todas	acróbata, sílaba
sobresdrújulas	todas	cuéntamelo

Excepciones:

- Cuando la palabra aguda finaliza con s precedida de consonante no lleva tilde: robots.
- Cuando la palabra llana finaliza con s precedida de consonante lleva tilde: cómics.

LA ACENTUACIÓN DE LOS MONOSÍLABOS

- Uso de la tilde diacrítica:

  Él (pronombre personal) — El (artículo)
  Tú (pronombre personal) — Tu (pronombre posesivo)
  Mí (pronombre complemento) — Mi (pronombre posesivo)
  Sí (adverbio afirmativo y pronombre tónico) — Si (conjunción condicional)
  Té (sustantivo) — Te (pronombre complemento)
  Dé (forma del verbo dar) — De (preposición)
  Más (adverbio de cantidad) — Mas (conjunción adversativa)

LA ACENTUACIÓN DE HIATOS

- Cuando hay dos vocales contiguas pero cada una pertenece a una sílaba diferente se dice que constituyen un **hiato**;
- Los hiatos pueden combinarse por dos vocales fuertes (p**o-e**-ta) o una vocal fuerte y una débil (dí-**a**);
- Las vocales débiles de los hiatos llevan siempre acento ortográfico o tilde: querías, ahínco, dúo.

Chuleta lingüística: ¡no te van a pillar!

LOS HETEROTÓNICOS

- Los **heterotónicos** son palabras que tienen la grafía semejante a la de palabras de la lengua portuguesa, pero con pronunciación distinta en cuanto a la sílaba tónica:

Español	Portugués
aca**de**mia	acade**mia**
aler**gia**	aler**gia**
cere**bro**	**cé**rebro
diplo**ma**cia	diploma**cia**
héroe	her**ói**
o**cé**ano	oce**a**no
e**lo**gio	e**lo**gio

LOS SIGNOS DE PUNTUACIÓN

- Las comillas ("") → se usan en citas, en destaque de nombres, en palabras extranjeras.
- La coma (,) → se usa para separar los elementos de una enumeración, destacar los vocativos, antes de oraciones introducidas por conjunciones.

ARTÍCULO *LO*

Es invariable y se usa para:

- sustantivar adjetivos masculinos o femeninos:

    Lo bonito de la vida.
    Lo linda que eres tú.

- Introducir oraciones com **que**:

    Lo que querías es difícil.

    Es importante no confundir el artículo definido **el** con el artículo neutro **lo**.

LOS DEMOSTRATIVOS

- Son palabras variables que se sitúan en el tiempo y en el espacio:

	Masculino	Femenino	Neutro
Singular	este	esta	esto
	ese	esa	eso
	aquel	aquella	aquello
Plural	estos	estas	—
	esos	esas	—
	aquellos	aquellas	—

- Su uso depende de la situación espacial y temporal:

Demostrativo	Situación en el espacio y en el tiempo
este(estos) / esta(s)	cerca de quien habla
ese(esos) / esa(s)	cerca de la persona con quien se habla
aquel(los) / aquella(s)	lejos de todas las personas

- Correspondencia con los adverbios de lugar:

Demostrativo	Situación en el espacio y en el tiempo
en este lugar	aquí / acá
en ese lugar	ahí
en aquel lugar	allí / allá

CONJUNCIONES OPOSITIVAS

- Expresan ideas contrarias:

pero: se usa para presentar una nueva información que contrasta con otra anterior, pero no la niega ni la corrige;

sino: se usa para negar, corregir o sustituir una parte de la información presentada anteriormente.

El conector **sino** es distinto de:

si no: indica condición (se não)

CONJUNCIONES CONCLUSIVAS

- Expresan ideas conclusivas:

pues: entre comas, se usa para concluir una idea;

en fin / en resumidas cuentas / después de todo / al fin y al cabo: introducen una información de conclusión.

ADVERBIOS

- Además de los adverbios de cantidad y de lugar:

adverbios de negación: **no, ni, tampoco, nunca, jamás**
adverbios de duda: **quizá, quizás, tal vez, posiblemente**
adverbios de afirmación: **sí, también, cierto, seguro**
adverbios de modo: **bien, mal, peor, mejor, especialmente, ágilmente**
adverbios de tiempo: **anteayer, ayer, anoche, hoy, mañana, ahora, temprano, después, pronto**

Chuleta lingüística: ¡no te van a pillar!

GERUNDIO

Verbos de 1ª conjugación (-ar)	Verbos de 2ª conjugacíon (-er)	Verbos de 3ª conjugacíon (-ir)
-ando	-iendo	-iendo
am**ando**	beb**iendo**	com**iendo**

- Cuando los verbos presentan una vocal antes de la terminación en **-er** o **-ir**, se usa la **-y**:

  construir /constru**y**endo
  leer /le**y**endo

IMPERATIVO NEGATIVO

- Forma de los verbos regulares:

Pronombres \ Verbos	Fumar	Beber	Vivir
Tú / Vos	No fum**es**	No beb**as**	No viv**as**
Usted	No fum**e**	No beb**a**	No viv**a**
Nosotros(as)	No fum**emos**	No beb**amos**	No viv**amos**
Vosotros(as)	No fum**éis**	No beb**áis**	No viv**áis**
Ustedes	No fum**en**	No beb**an**	No viv**an**

- Los verbos que sufren irregularidades en presente de indicativo, también las sufrirán en imperativo negativo:

Pronombres \ Verbos	Soñar	Tener	Pedir	Conducir
Tú / Vos	No s**ue**ñes	No ten**g**as	No p**i**das	No condu**z**cas
Usted	No s**ue**ñe	No ten**g**a	No p**i**da	No condu**z**ca
Nosotros(as)	No soñemos	No tengamos	No pidamos	No condu**z**camos
Vosotros(as)	No soñéis	No ten**g**áis	No p**i**dáis	No condu**z**cáis
Ustedes	No s**ue**ñen	No ten**g**an	No p**i**dan	No condu**z**can

PRONOMBRE COMPLEMENTO *LO, LA, LOS, LAS*

- Los pronombres complemento de 3ª persona son:

	Pronombres complemento	
	singular	plural
masculino	lo	los
femenino	la	las

- Colocación de los pronombres:
  Cuando el verbo está conjugado, el pronombre aparece antes:
  lo compré / la digo / los sentiré / las pondría

- Cuando el verbo está en imperativo afirmativo, infinitivo o gerundio, el pronombre va pegado al verbo:
  cómpralo / comprarlo / comprándolo

¡Para ampliar!: ver, leer, oír y navegar...

Unidad 1 – Informaciones de América: geografía, cultura, pueblos...

Ver videos...

- **Te amo América.** Disponible en: <www.youtube.com/watch?v=JnXLcCUKyOE>. Acceso el 13 de marzo de 2012.
  Concierto de Byafra cantando la canción "Te amo América", que trata del sueño de una América Latina unida.
- **No somos latinos.** Disponible en: <www.youtube.com/watch?v=JrLtAqtfKl4>.
  Video sobre la canción del grupo El Cuarteto de Nos, que critica los esteriotipos difundidos sobre los latinoamericanos.

Leer...

- **El animalero,** de Humberto Ak'abal. Guatemala: Editorial Cultura, 1990.
  Libro de poemas sobre los paisajes y los colores latinoamericanos.
- **Leyendas del Ecuador,** de Edgar Allan García. Quito: Alfaguara, 2000.
  Historias de la cultura y tradición del pueblo ecuatoriano.

Oír canciones...

- **América,** de Sebastián Monk.
  Letra, música e interpretación de Sebastión Monk, la canción cita las bellezas de América y los primeros habitantes del continente (los Mayas, Incas, Mapuches).
- **De amor y de casualidad,** de Jorge Dexler.
  Letra, música e interpretación de Jorge Drexler, la canción trata de la mezcla cultural por medio de una familia que tiene gente de todo el mundo.
- **Cinco siglos igual,** de Leon Gieco.
  Un himno sobre las consecuencias de la colonización en América. Presente en el álbum de 1992 intitulado *Mensajes del alma*.
- **Hablemos el mismo idioma,** de Gloria Estefan.
  Canción del disco *Mi tierra* (1993), que pide la unión del pueblo hispanoamericano para alcanzar la libertad.

Navegar en internet...

- <www.vaucanson.org/espagnol/linguistique/lenguas_otras_america.htm>. Acceso el 3 de marzo de 2012.
  Informaciones sobre los idiomas que se hablan en América.
- <http://humbertoakabal.lalupe.com/>. Acceso el 3 de marzo de 2012.
  El poeta guatemalteco Humberto Ak'abal canta los colores de latinoamérica en varias poesías.
- <www.precolombino.cl/>. Acceso el 3 de marzo de 2012.
  El sitio web del Museo Chileno de Arte Precolombino posee textos interesantísimos sobre el asunto, además de videos y fotografías sobre las exposiciones y de reconstrucciones de la época.
- <www.benalmadena.com/museo/>. Acceso el 3 de marzo de 2012.
  El Museo de Arte Precolombino Felipe Orlando, en Benalmádena (Málaga, España), ofrece a los que acceden a su web sitio una visita virtual de las exposiciones.

Unidad 2 – Estudio y me informo: fenómenos naturales, catástrofes ambientales...

Ver videos...

- **Cómo respirar sin pulmones.** Disponible en: <www.clipmetrajesmanosunidas.org/como-respirar-sin-pulmones-2n-concurs-clipmetratges-mans-unides>.
  Clip metraje sobre deforestación.

¡Para ampliar!: ver, leer, oír y navegar...

- **¿Me dejarías hacerlo?** Disponible en: <www.clipmetrajesmanosunidas.org/me-dejarias-hacerlo>.
  Clip metraje sobre medio ambiente.

Leer...

- **Cuentos ambientales.**
  Se puede leer cuentos con preocupación ambiental en la página web <www.encuentos.com/leer/problemas-ambientales>. Acceso el 13 de marzo de 2012.

- **Reportajes sobre el medio ambiente.**
  El sitio <www.planeta.org> tiene muchos reportajes de temática ambiental y reflexiones sobre el llamado periodismo ambiental.

Oír canciones...

- **Laika**, de Mecano.
  Letra y música de Nacho Cano, la canción trata de la perrita Laika, que fue enviada al espacio. Es buena para trabajar el desarrollo tecnológico de la humanidad y sus implicaciones éticas.

- **Acuarela**, de Toquinho.
  Interpretada en español por Seguridad Social, la canción de Toquinho retrata las maravillas de la naturaleza y de la vida vistas por la mirada de dibujos de niños.

- **El oso**, Moris.
  Canción protesta sobre el maltrato de los animales.

Navegar en internet...

- <http://elpais.com/elpais/opinion.html>
  Viñetas de Ramón Rodrígues sobre los problemas ambientales.

- < www.clipmetrajesmanosunidas.org/>
  Varios clips metrajes con temática ambiental.

Unidad 3 – Anuncios clasificados: hogar dulce hogar...

Ver videos...

- **El patio de mi casa** y **Yo tengo una casita**, Grupo Encanto. Disponibles en: <www.youtube.com/watch?v=y5feapXI9sw&feature=related> y <www.youtube.com/watch?v=6Tzwa5aVD4g&feature=relmfu>. Accessos el 13 de marzo de 2012.
  Videos de canciones populares que ayudan a entrenar el vocabulario sobre la casa.

- **Gaturro**, la película. 2010, Argentina.
  Basada en las historietas de Nik, cuenta la historia de la mascota hogareña Gaturro que desea salir de casa para convertirse en un súper héroe.

Leer...

- **Súper Humor 13, rúe del Percebe** (antología), de Francisco Ibáñez. Madrid: Ediciones B, 2002.
  En el libro se puede leer la historieta "¡Una casa con mucha guasa!", que retrata las hazañas de la vecindad de un edificio.

- **Anuncios clasificados** de <www.elpais.com>. Acceso el 13 de marzo de 2012.
  Sección destinada a la venta y compra de inmuebles del periódico <www.elpais.com>.

Oír canciones…

- **Amo esta isla**, de Pablo Milanés.
  En la canción, el cantautor Pablo Milanés expresa su amor a la tierra en que vive. Se puede hacer una reflexión sobre el amor al propio hogar.

- **Eres tú**, Juan Carlos Calderón.
  Canción que trata del amor incondicional, cuyo verso más famoso es "eres tú el fuego de mi hogar".

Navegar en internet…

- <www.upc.edu/web/tallergaudi/>. Acceso el 13 de marzo de 2012.
  Informaciones sobre las obras arquitectónicas de Antonio Gaudí, como por ejemplo las formas sinuosas de la Casa Batlló.

- <www.micasarevista.com>. Acceso el 13 de marzo de 2012.
  Revista de decoración para entrenar el vocabulario de objetos y partes de la casa.

Unidad 4 – Literatura y cultura: aventurarse, entretenerse y…

Ver videos…

- **El club de los poetas muertos**, de Peter Weir. EE.UU, 1989.
  Ver la película en español, con subtítulos en español. Cuenta la historia de un profesor carismático que enseña a sus alumnos el placer de leer y escribir poesías.

- **Harry Potter y la piedra filosofal**, de J.K.Rowling, dirigida por Chris Columbus. EE.UU., 2001.
  Ver la película en español, con subtítulos en español. Basada en el primer libro de la famosa saga de la literatura infantojuvenil que cuenta la historia del brujito Harry y sus amigos Hermione y Rony.

Leer …

- **El pequeño vampiro**, de Angela Sommer-Bodenburg. Madrid: Alfaguara, 2000.
  Libro que cuenta la vida de un niño vampiro muy listo y juguetón.

- **Dedos en la nuca.** Madrid: Ediciones SM, 1997.
  Antología de cuentos fantásticos de once autores.

Oír canciones…

- **Mediterráneo**, Joan Manuel Serrat.
  El cantautor Serrat escribe su canción en forma de una corta novela, en que describe su niñez, sus amores de juventud, describe sus sentimientos actuales y sus deseos para el futuro. Es un cantante muy conocido por transformar en música los versos de poetas famosos.

- **Salta**, Amaral.
  Letra, música e interpretación de Amaral, la canción "Salta" trata del salto a la vida, a los sueños, a los pensamientos, a la libertad. Es un buen paralelo al placer que los libros proporcionan a los lectores.

Navegar en internet…

- <www.ciudadseva.com>. Acceso el 13 de marzo de 2012.
  Biblioteca digital gratuita con cuentos famosos en español.

- <www.cibercuentos.org>. Acceso el 13 de marzo de 2012.
  Sitio con varios cuentos infantojuveniles.

¡Para ampliar!: ver, leer, oír y navegar...

Unidad 5 – Lo nuevo y lo antiguo en convivencia: *e-mail*, *móvil*, *chat*, *blog*...

Ver videos...

- **El señor de los anillos**, de J. R. R. Tolkien, dirigida por Peter Jackson. Nueva Zelandia/EE.UU, 2001.
  Ver la película en español, con subtítulos en español. Basada en la historia épica de Frodo y su lucha contra la maldad del anillo del poder. Frodo tiene una relación muy especial con los ancianos: el mago blanco y su tío Bolsero.

- **Elsa y Fred**, de Marcus Carnevale. Argentina, 2005.
  Cuenta la historia de amor de dos ancianos: Elsa, una simpática y juguetona viejecita, y Fred, un abuelo muy triste y pesimista.

Leer...

- **Poema "¿Qué les queda a los jóvenes?"**, de Mario Benedetti.
  Poesía sobre los dramas de la juventud, del libro *La vida ese paréntesis* (Buenos Aires: Seix Barral, 1997).

- **Iván, el terrible**, de Delia María de Césaris y Telma Guimarães Castro Andrade. São Paulo: Santillana, 2005.
  Iván es un niño muy imaginativo que tiene al abuelo como héroe.

Oír canciones...

- **Bonito**, de Jarabe de Palo.
  La canción, con letra, música e interpretación de Jarabe de Palo, trata de las cosas que al "yo lírico" le parecen bonitas, como por ejemplo la vida. Se puede hacer una relación con el pasaje del tiempo y de la edad de las personas: "bonita la gente que viene y que va" / "bonita la gente que no tiene edad".

- **La historia de Juan**, de Juanes.
  La letra de la canción describe la dificultad que es para un niño sobrevivir sin familia o alguien a quien le cuide.

Navegar en internet...

- <www.youtube.com/watch?v=c5ZF24ykKo4>. Acceso el 13 de marzo de 2012.
  Reportaje sobre "Respeto a los mayores" que nos recuerda que las personas mayores tienen mucha experiencia para brindarnos.

- <www.exajuegos.com>. Acceso el 13 de marzo de 2012.
  Las nuevas tecnologías en la educación. Juegos para aprender español.

Unidad 6 – Opinar y cantar: generaciones, encuentros, desencuentros...

Ver videos...

- **Los chicos del coro**, de Christophe Barratier. Francia/Suiza, 2004.
  Trata de la separación de un niño de sus padres y el papel de la música como compañera para superar el dolor.

- **La vieja de atrás**, de Pablo José Meza. Argentina, 2011.
  Cuenta la historia de la amistad entre una anciana solitaria y un joven estudiante de Medicina.

Leer...

- **Maldita adolescente**, de María Menéndez-Ponte. Madrid: Ed. SM, 2005.
  El libro cuenta la historia de dos adolescentes, Iván y Adriana, por medio del intercambio de cartas y *e-mails*.

- **El monstruo del *rock***, de Elvira Sancho y Jordi Surís. Barcelona: Difusión, 2005.
  Un grupo de adolescentes que tocan en una banda quedan de ir juntos a un concierto de *rock*, pero antes uno de ellos descubre un hecho raro sobre el famoso cantante Lucky Arroba.

Oír canciones…

- **Geração coca-cola**, de Legião Urbana.
  La canción trata de una generación que se llamó "coca-cola" y hace una crítica a la falta de actuación social de los jóvenes.

- **Yin Yang**, de Jarabe de Palo.
  La canción retrata los contrastes del mundo, citando parejas de contrarios: azúcar/sal, madera/metal, etc. Es buena para reflexionar sobre el respecto a las vivencias distintas y las opiniones diferentes.

Navegar en internet…

- <www.lafamilia.info>. Acceso el 13 de marzo de 2012.
  Portal que trae artículos de diversos expertos en relaciones familiares.

- <www.solohijos.com>. Acceso el 13 de marzo de 2012.
  Sitio con informaciones variadas para padres e hijos.

Unidad 7 – Horóscopo y valentines: me querrá, no me querrá…

Ver videos…

- **Juno**, de Jason Reitman. Canadá/EE.UU., 2007.
  Película sobre una adolescente de dieciséis anos que ve cambiar su vida cuando se queda embarazada.

- **Crepúsculo**, de Stephenie Meyer, dirigida por Catherine Hardwicke. EE.UU., 2008.
  Ver la película con audio y subtítulos en español. Cuenta la historia de la adolescente Bella que se enamora de un vampiro.

Leer…

- **Neruda@Hamlet**, de Delia María de Césaris y Telma Guimarães Castro Andrade. São Paulo: Santillana, 2006.
  Panchi y Fernando se apasionan y charlan mucho por internet.

- **Lola Lago**, detective. Barcelona: Difusión.
  Lola es una detective muy lista que se ve en medio a situaciones muy misteriosas.

Oír canciones…

- **Limón y sal**, de Julieta Venegas.
  La canción, con letra, música e interpretación de Julieta Venegas, trata de los sentimientos amorosos y de la dulce compañía del amor.

- **Felicidad**, de Gloria Estefan.
  Letra y música de Kike Santander con interpretación de Gloria Estefan, la canción trata del amor que uno siente por los demás expreso en las Navidades y describe los deseos de Año Nuevo.

Navegar en internet…

- <www.fundacionneruda.org>. Acceso el 14 de marzo de 2012.
  Se puede leer y regalar a alguien poesías de amor del poeta chileno Pablo Neruda.

- <www.palabravirtual.com>. Acceso el 14 de marzo de 2012.
  Sitio con varios poemas famosos de amor en español.

¡Para ampliar!: ver, leer, oír y navegar...

Unidad 8 – En tránsito: no desobedezcas las señales, pues...

Ver videos...

- **Barrio**, de Fernando León de Aranoa. España, 1998.
  Película que trata de historias de tres adolescentes que viven en el mismo barrio.

- **Todos somos víctimas de los accidentes de tránsito.** Disponible en: <www.youtube.com/watch?v=7VOclRruUg8&feature=fvst>. Acceso el 14 de marzo de 2012.
  Video campaña de conciencia sobre la problemática del tránsito en el mundo.

Leer...

- **Misterio en el museo**, de Delia María de Césaris y Telma Guimarães Castro Andrade. São Paulo: Santillana, 2006.
  Una joven se involucra en una trama misteriosa para salvar al Museo del Prado.

- **La bici-taxi**, de Elena Hortelano. Madrid: Edelsa, 2010.
  Ana desea ir a Cuba para el cumpleaños de su amigo Óscar.

Oír canciones...

- **Pedro canoero**, Teresa Parodi.
  La cantautora Teresa Parodi canta la vida de Pedro que tiene como profesión y pasión el manejo de la canoa, el medio de transporte que le ayuda a recorrer los caminos de la vida.

- **Once y seis**, de Fito Páez.
  Trata de las hazañas de una joven pareja de niños que viven por las calles de Buenos Aires. Describe el día a día de un niño y una niña, llamando la atención para la situación de los "niños de calle".

Navegar en internet...

- <www.unicef.org/uruguay/spanish/Punto_Muerto.pdf>. Acceso el 14 de marzo de 2012.
  Campaña para prevención de accidentes en el tránsito.

- <www.docente.mendoza.edu.ar/vial.html>. Acceso el 14 de marzo de 2012.
  Portal de educación vial para niños y jóvenes.

Glosario

A

Acera - calçada
Ahorcado - enforcado
Alquilar - alugar
Altavoces - alto falante
Anciano - ancião, idoso
Anteayer - anteontem
Aparcamiento - estacionamento
Archivo - arquivo
Ayer - ontem

B

Bastón - bengala

C

Calle - rua
Campamento - acampamento
Carcajada - gargalhada
Carpeta - pasta
Castillo - castelo
Cerdo - porco
Charla - conversa
Chatear - conversar em um *chat*
Chiminea - chaminé
Choza - cabana
Cinturón de seguridad - cinto de segurança
Coche - carro
Colectivo - ônibus
Coma - vírgula
Comedor - sala de jantar
Comillas - aspas
Compleja - complexa
Conductor - motorista, condutor

D

Deporte - esporte
Desarrollar - desenvolver
Desplazar - deslocar
Dulce - doce

E

Enseñar - ensinar
Entablar - começar
Envidioso - invejoso

F

Fecha - data
Fija - fixa

G

Gasolinera - posto de gasolina
Géminis - signo de gêmeos
Generación - geração
Girar a la izquierda - virar à esquerda
Gris - cinza
Guapo - bonito

H

Hierba - erva
Hogar - lar
Hombre - homem
Hoy - hoje
Hueso - osso
Huracán - furacão

I

Inmuebles - imóveis

J

Jubilados - aposentados
Jueves - quinta-feira

L

Lejos - longe
Leo - signo de leão
Linaje - linhagem
Listo - esperto
Lluvia - chuva
Lunes - segunda-feira

M

Maíz - milho
Mañana - manhã ou amanhã
Martes - terça-feira
Miércoles - quarta-feira
Mnemotécnica - arte de memorizar
Mona - macaca ou pessoa legal, bonita
Mono - macaco
Mote - apelido
Muebles - móveis

Glosario

N
Nene, nena - neném
Niebla - neblina
Nudo - nó

O
Oficina - escritório
Olla - panela
Olvidar - esquecer
Ordenar - organizar
Oreja - orelha

P
Pasado mañana - depois de amanhã
Pasillo - corredor
Paso de cebra - faixa de pedestre
Peatón - pedestre
Peatonal - para pedestres
Pelos y señales - com propriedade, com segurança, com conhecimento
Periódico - jornal
Periodista - jornalista
Periquete - minutinho
Perjuicios - prejuízos
Pez - peixe
Piola - simpático, divertido, inteligente
Piscis - signo de peixes
Pitido - apito
Planta o piso - andar
Playa - praia
Plaza - praça
Poblado - povoado
Polilla - traça (inseto) ou franco, livre, divertido
Pulpa - polpa

Q
Quizás - talvez

R
Rascacielos - arranha-céus
Rata - rato
Rato - tempo
Redoma - rotatória
Reglamentación - regulamentação
Reglas - regras
Rostro - rosto

S
Señal - sinal
Sequía - seca
Silla de ruedas - cadeira de rodas
Sonrisa - sorriso
Sur - sul

T
Tauro - signo de touro
Testimonio - testemunho
Tranvía - bonde
Transeúnte - pedestre
Truenos - trovões

U
Ubicación - localização

V
Ventaja - vantagem
Ventana - janela
Viernes - sexta-feira
Viñeta - charge
Virgo - signo de virgem
Volcán - vulcão
Volver - voltar

Y
Yerno - genro

Z
Zanahoria - cenoura

Referencias bibliográficas

ALONSO, E. ¿Cómo ser profesor y querer seguir siéndolo? Madrid: Edelsa, 1994.

BARROS, C. S. de; MARISN COSTA, E. G. de (Orgs.). *Espanhol*: ensino médio. Brasília: Ministério da Educação, Secretaria de Educação Básica, 2010. v. 1 (Coleção Explorando o Ensino).

BRASIL. *Constituição da República Federativa do Brasil de 1988*. Sacado de: <www.presidencia.gov.br>. Acceso el 23 de febrero de 2012.

_____. *Leis de Diretrizes e Bases da Educação Nacional (LDB)*. Lei n. 9394, 20 de dezembro de 1996. Sacado de: <www.presidencia.gov.br>. Acceso el 23 de febrero de 2012.

_____. Ministério da Educação e Cultura. Secretaria de Educação Básica. *Orientações curriculares para o Ensino Médio*: linguagens, códigos e suas tecnologias. Brasília, 2008.

_____. Ministério da Educação e Cultura. Secretaria de Educação Fundamental. *Parâmetros curriculares nacionais*: terceiro e quarto ciclos do Ensino Fundamental – apresentação dos temas transversais. Brasília, 1998.

_____. Ministério da Educação e Cultura. Secretaria de Educação Fundamental. *Parâmetros curriculares nacionais*: terceiro e quarto ciclos do Ensino Fundamental – língua estrangeira. Brasília, 1998.

CASSANY, D. *Tras las líneas*: sobre la lectura contemporánea. Barcelona: Anagrama, 2006.

_____; Luna, M; Sanz, G. *Enseñar lengua*. Barcelona: Graó, 2007.

COSTA VAL, M. G. Texto, textualidade e textualização. In: CECCANTINI, J. L. T.; PEREIRA, R. F.; ZANCHETTA Jr., J. *Pedagogia cidadã*: cadernos de formação – Língua Portuguesa. São Paulo: Unesp (Pró-reitoria de Graduação), 2004. v. 1, p. 113-28.

ERES FERNÁNDEZ, G. Língua e cultura: integração na aula de língua estrangeira. *Horizontes de Linguística Aplicada*. Brasília, UnB, 2002. v. 1, n. 1, p. 39-44.

_____; SEEMAN, P. A. A. Un estudio sobre los cambios lingüísticos del español escrito en las charlas informales por internet. *Trabalhos em Lingüística Aplicada*, v. 48(1), p. 153-170, 2009.

FANJUL, A. P. Enunciadores en el *rock* argentino. Elementos para una comparación con Brasil. *Letra Viva* (UFPB), v. 10-1, p. 141-155, 2010.

FAZENDA, I. *Interdisciplinaridade*: um projeto em parceria. São Paulo: Loyola, 1991.

FREIRE, P. *Pedagogia da autonomia*: saberes necessários à prática educativa. São Paulo: Paz e Terra, 2007.

GIOVANNY, A.; PERIS, E. M.; RODRÍGUEZ, M.; Simón, T. *Profesor en acción 3*: Destrezas. Madrid: Edelsa, 2007.

GOETTENAUER, E. M. C. *El tratamiento de los géneros discursivos en el aula de E/LE*. Belo Horizonte: Ed. da UFMG, 2006. Sacado de: <www.letras.ufmg.br/espanhol/Anais/anais_paginas%20_2502-3078/El%20tratamiento.pdf>. Acceso el 23 feb. 2012.

GONZALEZ, N. La utilización del texto literario en las clases de lengua extranjera. In: SILVA, P. C. da. (Org.). *Língua, literatura e a integração hispano-americana*. Porto Alegre: UFRGS, 1990.

GUZZO, E. de A. La *web* 2.0 y las posibilidades didácticas para la enseñanza del español. In: Anais do V Congresso Brasileiro de Hispanistas [e] I Congresso Internacional da Associação Brasileira de Hispanistas. Belo Horizonte: Faculdade de Letras/ UFMG, 2008.

KARWOSKI, A. M.; Boni, V. C. V. (Org.). *Tendências contemporâneas no ensino de línguas*. Paraná: Kaygangue, 2006.

KLEIMAN, A.; Matencio, M. L. M. *Letramento e formação do professor*. Campinas: Mercado de Letras, 2005.

LAJOLO M. *Do mundo da leitura para a leitura do mundo*. São Paulo: Ática, 2000.

MAGALHÃES, M. C. (Org.). *A formação do professor como um profissional crítico*. Campinas: Mercado de Letras, 2004.

MAIA GONZÁLEZ, N. Portugués brasileño y español: lenguas inversamente asimétricas. In: CELADA, M. T.; MAIA GONZÁLEZ, N. (Coord.). Gestos trazan distinciones entre la lengua española y el portugués brasileño. *Signos ELE*, año 2, n. 2, 2008. Sacado de: <www.salvador.edu.ar/sitio/signosele/aanterior.asp>. Acceso el 23 feb. 2012.

MARCUSCHI, L. A. Gêneros textuais: definição e funcionalidade. In: DIONISIO, A. P.; MACHADO, A. R.; BEZERRA, M. A. (Org.). *Gêneros textuais e ensino*. 2. ed. Rio de Janeiro: Lucerna, 2002.

_____. Gêneros textuais: configuração, dinamicidade e circulação. In: Brito, K. S.; Gaydeczka, B.; karwoski, A. M. *Gêneros textuais*: reflexões e ensino. 2. ed. Rio de Janeiro: Lucerna, 2006.

_____; XAVIER, A. C. (Org.). *Hipertexto e gêneros digitais*. Rio de Janeiro: Lucerna, 2004.

MARTINEZ, P. *Didática de línguas estrangeiras*. Trad. Marco Marcionilo. São Paulo: Parábola, 2009.

MATTE BON, F. *Gramática comunicativa del español*. Barcelona: Difusión, 1996.

MORENO GARCÍA, C. Actividades lúdicas para la práctica de la gramática. *Carabela*, 1997, n. 41, p. 35-48.

PARAQUETT, Marcia; MENDES, E. O diálogo intercultural entre o português e o espanhol na América Latina. In: *Diálogos interculturais*: ensino e formação em português língua estrangeira. São Paulo: Pontes, 2011. v. 1, p. 49-70.

RICHARDS, J. *Diccionario de lingüística aplicada y enseñanza de lengua*. Madrid: Ariel, 1997.

SÁNCHEZ PERÉZ, A.; FERNÁNDEZ, R. *¿Jugamos? Juegos de siempre para la clase de español*. Madrid: SGEL, 2004.

SANT'ANNA, V. L. O discurso relatado como estratégia organizadora da notícia. *The Especialist*, São Paulo, 2003. v. 24, n. esp., p. 1-11.

SANTOS GARGALLO, I. *Lingüística aplicada a la enseñanza-aprendizaje del español como lengua extranjera*. Madrid: Arco/Libros, 2004.

SOARES, M. *Letramento*: um tema em três gêneros. 2. ed. Belo Horizonte: Autêntica, 2005.

TIBA, I. *Ensinar aprendendo*: como superar os desafios do relacionamento professor-aluno em tempos de globalização. São Paulo: Gente, 1998.